解译

排列3

中奖之谜

细节决定成败

别人能中奖你也一定能中奖

实战搞定排列3与排列5

2亿彩民值得一读的彩票书籍

经济管理出版社
ECONOMY & MANAGEMENT PUBLISHING HOUSE

图书在版编目(CIP)数据

解译排列 3 中奖之谜/阿江著. —北京:经济管理出版社,2010.5

ISBN 978—7—5096—0992—7

Ⅰ.①解… Ⅱ.①阿… Ⅲ.①体育—彩票—基本知识—中国 Ⅳ.①F832.5

中国版本图书馆 CIP 数据核字(2010)第 090514 号

出版发行:**经济管理出版社**

北京市海淀区北蜂窝 8 号中雅大厦 11 层

电话:(010)51915602   邮编:100038

印刷:北京晨旭印刷厂	经销:新华书店
组稿编辑:郝光明	责任编辑:郝光明 郑学文
技术编辑:黄 铄	责任校对:超 凡

720mm×1000mm/16	13 印张 178 千字
2010 年 6 月第 1 版	2010 年 6 月第 1 次印刷

定价:23.00 元

书号:ISBN 978—7—5096—0992—7

差之毫厘　谬以千里

（代序）

彩票有很多种玩法，也有很多乐趣。有一种成功叫中大奖，有一种失败叫擦肩而过。买彩票讲究精确，中奖事实上有随机性。但是，在某些阶段出号特征既叫人扼腕叹息，也让人后悔莫及。有人说，细节决定成败。也有人说，大智若愚。在彩票投注中有很多种成功的方式，但是，如果等到100年那实在是太久了。尽快中奖、简单中奖才是真谛。有人说了，如此说来都中奖了，那彩票发行中心岂不是亏得一塌糊涂。事实上，这种假定往往只是假定。世界上彩票发行已经很多年了，也没有哪个彩票发行中心因为彩民中奖而亏损的，反倒是有因为管理不善或者其他原因而亏损的。巴菲特也出书介绍自己的股票投资经验，也没有看到世界上产生出大批的股神，倒是买股票赔钱的到处都是。

买彩票就像看《红楼梦》，每个人都有自己心中的宝玉和黛玉。你认为1出，别人认为2也行，还有人认为3也可以。看好各种组合的人也有很多差异。但是，中大奖的号码只有1种组合。差一点不行，差半点也不行，总之，差多少都不行，必须是与中奖号码一模一样才是中奖。事实上，买排列3和排列5中1000万元乃至几千万元的例证还是有一些人的，不要以为小玩法中不了大奖金。

3D与排列3都是选3玩法，按理说其经验和技巧应该是完全一样的，用得着专门去研究或者再写一本书吗？或者说，用排列3的经验和技巧套用在3D上不就得了吗？但是，事实真的不是这样子的。

现实中有一句话叫做：差之毫厘，谬以千里。固然，排列3和3D之间一些特征有一定的相似之处，这是因为毕竟都是选3玩法。但由于排列3与3D采用的是两种不同的摇奖机器、不同的混球系统，所以，两者的彩票有着截然不同的走势特征。这也正是我写了《赢的新策略——福彩3D也得500万》之后，再提笔写作《解译排列3中奖之谜》的初衷。

祝彩民朋友更快中奖！多多中奖！

阿 江

2010年5月8日

目　录

第一章　排列 3 简单中奖的基础常识

彩民朋友在排列 3 彩票的实战投注过程中，应该"尽量选择一些简单、方便、实用的工具，不需要弄得很复杂，实际上条件复杂并不利于我们真正的分析研究，弄很多不重要的名词是没有意义的，简单做号，简单中奖才是我们所追求的"。的确，我们在现实中看到不少彩民在小盘玩法的选号中，把简单搞复杂，把复杂搞得更复杂，不懂得基本的概率常识、数学常识和彩票常识，把很多没有意义的分析当成法宝，这些都无助于提高中奖机会，反倒浪费大量的时间、精力和财力。我们倡导的是化繁为简，以简克繁，早中奖，快中奖。

2010 年，媒体报道了西安彩民 4 次加倍投注中得排列 3 大奖，采用的就是简简单单的大小形态、复式投注等简单的方法。这位彩民在 2010 年 2 月 26 日和 27 日连续两日共中得 450 注排列 3 直选大奖，合计奖金 45 万元。时隔一周，在 3 月 7 日排列 3 第 10059 期中，这位彩民又中得直选 200 注、"组选 6" 300 多注，合计奖金 24 万多元。在 3 月 17 日排列 3 第 10069 期中，这位彩民又以 "851" 的幸运组合中得直选 430 注，奖金 43 万元。这些大奖的出奖福地都是西安 01370 体彩投注站。在短短 20 天内，这位彩民已中得 4 次排列 3 大奖，合计奖金 112 万多元。

一、排列3玩法简要介绍

排列3玩法是体育彩票的主力玩法之一，与福利彩票同样也属于国家公益彩票。排列3玩法很简单，基本上与福彩3D相同。就是从10个阿拉伯数字0～9之中选取3个号码投注即可。例如，今天开奖日是2月18日，你就可以选择218作为投注的号码。当然了，你如果买组选218，就包括了128、182、218、281、812、821一共6种的组合，如果开出的号码是812，那么，你就中了组选6奖，得到160元奖金。你也可以把218作为直选购买，直选的中奖要求是你的号码的每个位置都要与开奖号码的位置相对应。你买了直选218，中奖号码是812，对不起，你没有中奖，因为中奖号码的第一位是8，而你买的是2，只要有一位位置错误，你的投注就没有中奖。但是，如果你买对了直选，直选的奖金就是1000元。

组选还有另外一种方式，就是组选3，按照民间的说法就是对子号码。就是3个号码中有两个相同的号码。例如，今天是2月28日，你买了组选228，这就是组选3，如果中奖号码开出的是822，那你就中奖了，奖金是320元。如果开出的是812，对不起，你就没有中奖。虽然你包括了8和2，但是，你买的是组选3，而开出的是组选6。

好了，你已经知道基本的玩法了。至于你想要通过研究的方法提升你选择号码的准确性，那么，你就要多学习一些彩票玩法知识了。

二、排列3与3D的选号和投注简要对比分析

福彩3D与体彩排列3玩法同属于选3玩法，其游戏规则大致相同。但是，由于其摇奖形式等不同，所以选号与投注的方法也有所不同，下面

我们进行一定的分析。

（一）随机性不同

随机性不同，是指这两种游戏采用的随机化的摇奖方式不同。例如，福彩 3D 采用 2 套机器和 2 套摇奖用球，并且公布摇奖所用的机器和摇奖用球的编号、号球的排列、试机号码。而排列 3 是五道五种颜色的号码球独立随机混成排列摇出的号码的前三位。从随机性上看，各有各的特点。

（二）摇奖机器不同

3D 的摇奖机器是采用气动式摇奖机器，由美国的 smart play 公司生产。与气动的乐透式摇奖机器有一些不同之处：它有着 3 个通道分别装 10 个号码球，一共是 30 个号码球，其顺序是呈随机摆放的。3D 摇奖机器一直没有更换，积累了大量的分析数据。

据报道，从 2009 年 2 月 18 日起，排列 3 使用的是法国进口的名为 TOPAZE 的吹气式摇奖机。该摇奖机稳定性极佳，至今在全世界没有出现过客户投诉和技术问题。

（三）号码走势特征不同

大家要注意，福彩 3D 的摇奖机器与排列 3 的摇奖机器是不一样的。所以，不要单纯用福彩 3D 的走势特征去套用在排列 3 的走势上去。排列 3 的号码实际上是取排列 5 号码的前 3 位。所以，在玩排列 3 的时候要用排列 5 的图表去研究走势。

例如，在 3D 选号过程之中只要采用分机球的分析即可，而排列 3 选号既要做一张三线的分析图，又要做一张五线的分析图，并且，两张图要充分地结合分析。当然了，实战中要做排列 3 与排列 5 的其他种类的图表，如 012 路、奇偶、幸运号码等。这是由于排列 3 的号码是取排列 5 的前三位的号码，所以，排列 3 的号码与排列 5 的号码有诸多走势上的内在联系。

三、为什么研究排列 3 的号码要用排列 5 的图表

由于排列 3 号码的实质是排列 5 的前三位号码。排列 5 采用的是不同颜色的五道号码球。第一道（线）是蓝色号码球，第二道（线）是黑色号码球，第三道（线）是红色号码球，第四道（线）是黄色号码球，第五道（线）是绿色号码球。一般来说，这种摆放方式是固定的。当然了，也不排除以后会有所变动。但是，排列 5 号码球的混合对排列 3 的号码有一定的影响和内在的联系，所以，研究排列 3 的中奖号码必须要用排列 5 的图表和排列 3 的图表共同进行分析。如果单纯用排列 3 的图表去选择号码，很可能就会遗漏从排列 5 图表上看得很清楚的号码联系。

四、排列 3 玩法有什么具体特征

（一）简单、有趣、中奖额固定

彩民朋友都知道，排列 3 属于典型的选 3 玩法，你只要猜对了 3 个阿拉伯数字，但是位置相异，那你就可以中组选 160 元或者 320 元奖金；如果你猜对号码，同时也摆对了位置，你也可以中 1000 元奖金；当然了，如果你能下决心和有财力投注 1 万倍，你的收益就可以超过大盘玩法的一

等奖了，能得 500 万元甚至 1000 万元以上。

（二）使得中排列 5 的 10 万元大奖变得容易一些

如果我们能在排列 3 中用几注号码锁定排列 3 的直选号码，那么，只要把后 2 位全包，或者是后 2 位每位包 5 个号码，其中得 10 万元大奖相对讲要容易一些了。

玩排列 3 的同时也可以玩排列 5，是该玩法的另外一个优势。

五、3D 的技巧可以用在排列 3 上吗

由于排列 3 和 3D 均属于选 3 玩法，其在玩法、设奖上基本都是一样的。所以，3D 的大部分技巧和方法可以用在排列 3 上。但是，也有一部分方法是不适用于排列 3 的，例如，分机球号方法、某些排除法等等。另外，排列 3 和 3D 的走势特征是不相同的，所以，还要具体走势具体分析。

六、排列 3 玩法与高频彩票的选 3 玩法有什么异同

排列 3 玩法与高频彩票的选 3 玩法有很大的不同：

（一）开奖频率不同

排列 3 玩法是每天一开，而高频玩法是间隔 5 分钟或者 10 分钟一开，有的高频玩法是 30 分钟一开。

（二）设奖不同

排列 3 玩法的设奖是猜测 3 个号码，组选 6 是 160 元、组选 3 是 320 元、直选是 1000 元。而高频彩的选 3 玩法除了以上的设奖之外，还可以猜 1 个号码、猜 2 个号码等，玩法较多。

（三）返奖率不同

排列 3 的返奖率是 50%，而高频彩票玩法一般都在 50% 以上，有的能达到 59%。

（四）开奖机器不同

排列 3 的开奖机器是采用机械式摇奖机器，比较透明和直观。而高频玩法一般都采用电脑开奖，只显示开奖结果。

七、排列 3 走势的五大特征

（一）号码连出态势明显

重复号码是各类玩法都有的现象，但是，排列 5 和排列 3 上的重复号码的连出现象要远远超过其他各类玩法，尤其是排列 5 号码。

例如，2010 年 1038～1043 期排列 5 的分布图。我们从图上明显看到了数字 6 连续 5 期出现，这在 3D 的分布图上是很难看到的。

期数	0	1	2	3	4	5	6	7	8	9（排列 5 的排序号码）
1038	0					⑤	6			9
1039		①		3		5	6			
1040	0	1			4		6	7		
1041			2	3	4		6	7		
1042	◎	1					6		8	
1043	◎				4				8	9

　　下面我们再来看看排列 3 的图表（下画线上是排列 3 的号码）。从排列 3 的分布图上，我们可以清楚地看到数字 0 在 1020～1022 期连续重复，然后，在 1029～1032 期又是连续重复。

期数	号码	0	1	2	3	4	5	6	7	8	9（排列 3 的排序号码）
1020	17004	0	1						7		
1021	08489	0				4				8	
1022	57052	0					5		7		
1023	45158		1			4	5				
1024	83790				3				7	8	
1025	74668					4		6	7		
1026	68540						5	6		8	
1027	50049	◎					5				
1028	89408					4				8	9
1029	55086	0					⑤				
1030	80263	0		2						8	
1031	01587	0	1				5				
1032	09380	0			3					9	

（二）对子号码出现的概率较高

排列3在更换摇奖机器之前，对子号码离奇的多，已经超过了一般的正常值。在更换了法国的摇奖机器之后，这种现象大幅好转，但是，有时候对子号码出现的概率还是较高的。

例如，现在我们看看2009年的例子。在292～301期这10期之中，开出对子号码的组合就达到了5期，出现率达到了50%，而且，对子6竟然出现了3次之多。

期数	292	293	294	295	296	297	298	299	300	301
号码	966	906	278	800	646	230	566	535	754	224

（三）在某些阶段偏态分布连续进行

从数据分析来看，排列3在某些阶段表现出来的连续偏态分布要超过其他选3玩法的偏态分布。

例如，我们看2010年的1032～1040期，0、1、2这3个号码空当连续达到7期，这种类似的偏态也是其他选3玩法所极为罕见的。但是，我们从排列3的图表中看到的却是较多的（下画线上是排列3的号码）。

期数	号码	0	1	2	3	4	5	6	7	8	9（排列3的排序号码）
1032	09380	0			3						9
1033	66813							⑥		8	
1034	56940						5	6			9

续表

期数	号码	0	1	2	3	4	5	6	7	8	9（排列3的排序号码）
1035	34963				3	4					9
1036	56849						5	6		8	
1037	77887								⑦	8	
1038	59605						5	6			9
1039	51163		①				5				
1040	40167	0	1			4					

（四）排列3的走势与排列5后两位的走势紧密相连

由于排列3和排列5使用同一个摇奖机器，所以，排列3的走势与排列5的后两位走势紧密相连。这主要体现在某些阶段排列5的后两位号码在下期可能会成为排列3的号码组合部分，或者可以表述为成为下期排列5的前三位的组合号码。同样，排列3的前三位号码可以移动至排列5的后两位。另外，在012路的分析中我们还会发现，排列5后两位的号码构成的规则图形指向了前三位的号码。

例如，第1034期第四线的数字4，下期开到了第二线上（下画线上是排列3的号码）。

期数	号码	0	1	2	3	4	5	6	7	8	9（排列3的排序号码）
1032	09380	0			3						9
1033	66813							⑥		8	
1034	56940						5	6			9
1035	34963				3	4					9
1036	56849						5	6		8	

期数	号码	0	1	2	3	4	5	6	7	8	9（排列 3 的排序号码）
1037	77887								⑦	8	
1038	59605						5	6			9
1039	51163		①				5				
1040	40167	0	1			4					

（五）上、下期号码基本上呈现出连续性的非因果关系

也就是说，大多数的时候任意两期号码的加减、乘除、平方开方、微分积分都不能得出下期号码的组合。当然了，在某些时候，前两期相加或者相减得出了下期某位的号码，但是，这种情况比较少见，也没法成为实战中的基本依据。

例如，从 2010 年 1032～1040 期，第一线没有相加和相减的因果关系。第二线只有 1038 期和 1039 期的号码相加具有尾数关系。第三线只有 1034 期和 1035 期相加具有尾数关系，1036 期和 1037 期相加具有尾数关系。所以，大部分情况下这种无因果关系的情况成为我们排除号码的重要根据。从实战上看也具有一定成效。目前，在实战中运用普遍的是利用加减来排除号码。

期数	号码	0	1	2	3	4	5	6	7	8	9（排列 3 的排序号码）
1032	09380	0			3						9
1033	66813							⑥		8	
1034	56940						5	6			9
1035	34963				3	4					9
1036	56849						5	6		8	

期数	号码	0	1	2	3	4	5	6	7	8	9（排列3的排序号码）
1037	77887								⑦	8	
1038	59605						5	6			9
1039	51163		①				5				
1040	40167	0	1			4					

八、排列3的直选全组合

排列3（或称数字3）的全组合就是从000～999，一共是1000个排列，也就是说有1000种直选的组合。排列3玩法彩票每一次开奖，必然是其中的1个组合。下面我们列出的全部组合就是使大家能从各个方位进行研究，来分析其走势特征。例如，我们可以采用五五分析法，也可以采取利用5个区域法来分析组合的落点。

```
000  001  002  003  004  005  006  007  008  009
010  011  012  013  014  015  016  017  018  019
020  021  022  023  024  025  026  027  028  029
030  031  032  033  034  035  036  037  038  039
040  041  042  043  044  045  046  047  048  049
050  051  052  053  054  055  056  057  058  059
060  061  062  063  064  065  066  067  068  069
070  071  072  073  074  075  076  077  078  079
080  081  082  083  084  085  086  087  088  089
090  091  092  093  094  095  096  097  098  099
100  101  102  103  104  105  106  107  108  109
```

110	111	112	113	114	115	116	117	118	119
120	121	122	123	124	125	126	127	128	129
130	131	132	133	134	135	136	137	138	139
140	141	142	143	144	145	146	147	148	149
150	151	152	153	154	155	156	157	158	159
160	161	162	163	164	165	166	167	168	169
170	171	172	173	174	175	176	177	178	179
180	181	182	183	184	185	186	187	188	189
190	191	192	193	194	195	196	197	198	199
200	201	202	203	204	205	206	207	208	209
210	211	212	213	214	215	216	217	218	219
220	221	222	223	224	225	226	227	228	229
230	231	232	233	234	235	236	237	238	239
240	241	242	243	244	245	246	247	248	249
250	251	252	253	254	255	256	257	258	259
260	261	262	263	264	265	266	267	268	269
270	271	272	273	274	275	276	277	278	279
280	281	282	283	284	285	286	287	288	289
290	291	292	293	294	295	296	297	298	299
300	301	302	303	304	305	306	307	308	309
310	311	312	313	314	315	316	317	318	319
320	321	322	323	324	325	326	327	328	329
330	331	332	333	334	335	336	337	338	339
340	341	342	343	344	345	346	347	348	349
350	351	352	353	354	355	356	357	358	359
360	361	362	363	364	365	366	367	368	369
370	371	372	373	374	375	376	377	378	379

380	381	382	383	384	385	386	387	388	389
390	391	392	393	394	395	396	397	398	399
400	401	402	403	404	405	406	407	408	409
410	411	412	413	414	415	416	417	418	419
420	421	422	423	424	425	426	427	428	429
430	431	432	433	434	435	436	437	438	439
440	441	442	443	444	445	446	447	448	449
450	451	452	453	454	455	456	457	458	459
460	461	462	463	464	465	466	467	468	469
470	471	472	473	474	475	476	477	478	479
480	481	482	483	484	485	486	487	488	489
490	491	492	493	494	495	496	497	498	499
500	501	502	503	504	505	506	507	508	509
510	511	512	513	514	515	516	517	518	519
520	521	522	523	524	525	526	527	528	529
530	531	532	533	534	535	536	537	538	539
540	541	542	543	544	545	546	547	548	549
550	551	552	553	554	555	556	557	558	559
560	561	562	563	564	565	566	567	568	569
570	571	572	573	574	575	576	577	578	579
580	581	582	583	584	585	586	587	588	589
590	591	592	593	594	595	596	597	598	599
600	601	602	603	604	605	606	607	608	609
610	611	612	613	614	615	616	617	618	619
620	621	622	623	624	625	626	627	628	629
630	631	632	633	634	635	636	637	638	639
640	641	642	643	644	645	646	647	648	649

650	651	652	653	654	655	656	657	658	659
660	661	662	663	664	665	666	667	668	669
670	671	672	673	674	675	676	677	678	679
680	681	682	683	684	685	686	687	688	689
690	691	692	693	694	695	696	697	698	699
700	701	702	703	704	705	706	707	708	709
710	711	712	713	714	715	716	717	718	719
720	721	722	723	724	725	726	727	728	729
730	731	732	733	734	735	736	737	738	739
740	741	742	743	744	745	746	747	748	749
750	751	752	753	754	755	756	757	758	759
760	761	762	763	764	765	766	767	768	769
770	771	772	773	774	775	776	777	778	779
780	781	782	783	784	785	786	787	788	789
790	791	792	793	794	795	796	797	798	799
800	801	802	803	804	805	806	807	808	809
810	811	812	813	814	815	816	817	818	819
820	821	822	823	824	825	826	827	828	829
830	831	832	833	834	835	836	837	838	839
840	841	842	843	844	845	846	847	848	849
850	851	852	853	854	855	856	857	858	859
860	861	862	863	864	865	866	867	868	869
870	871	872	873	874	875	876	877	878	879
880	881	882	883	884	885	886	887	888	889
890	891	892	893	894	895	896	897	898	899
900	901	902	903	904	905	906	907	908	909
910	911	912	913	914	915	916	917	918	919

920	921	922	923	924	925	926	927	928	929
930	931	932	933	934	935	936	937	938	939
940	941	942	943	944	945	946	947	948	949
950	951	952	953	954	955	956	957	958	959
960	961	962	963	964	965	966	967	968	969
970	971	972	973	974	975	976	977	978	979
980	981	982	983	984	985	986	987	988	989
990	991	992	993	994	995	996	997	998	999

九、排列 3 的组选全组合

(一) 组选 6 的组选全组合

前面我们已经介绍了什么是组选 6。组选 6 共有 120 个组选组合，它们是：

890	790	780	789	690	680	689	670	679	678
590	580	589	570	579	578	560	569	568	567
490	480	489	470	479	478	460	469	468	467
450	459	458	457	456	390	380	389	370	379
378	360	369	368	367	350	359	358	357	356
340	349	348	347	346	345	290	280	289	270
279	278	260	269	268	267	250	259	258	257
256	240	249	248	247	246	245	230	239	238
237	236	235	234	190	180	189	170	179	178
160	169	168	167	150	159	158	157	156	140

149 148 147 146 145 130 139 138 137 136
135 134 120 129 128 127 126 125 124 123

每个组选6可以有6种不同的直选组合。120个组选6共有720种直选组合。

(二) 组选3的组选全组合

数字3的组选3一共有90个，它们是：

900 990 800 880 899 889 700 770 799 779
788 778 600 660 699 669 688 668 677 667
500 550 599 559 588 558 577 557 566 556
400 440 499 449 488 448 477 447 466 446
455 445 300 330 399 339 388 338 377 337
366 336 355 335 344 334 200 220 299 229
288 228 277 227 266 226 255 225 244 224
233 223 100 110 199 119 188 118 177 117
166 116 155 115 144 114 133 113 122 112

每个组选3可以有3种不同的直选组合，90个组选3共有270种直选组合。

(三) 组选1的全组合

数字3的组选1一共有10个，它们是：

000 111 222 333 444 555 666 777 888 999

每个组选1只有1种组合，10个组选1共有10种直选组合。实质上组选1就是直选。

第二章　选准排列 3 中奖号码的分析思路

　　根据排列 3 的摇奖和号码走势特点，我们得出了重要的结论：要用排列 5 和排列 3 的图表和分析来综合判断排列 3 可能开出的号码组合。这一点也是排列 3 与 3D 的关键区别之所在。同时，由于这一点的存在，使得排列 3 与 3D 的技巧体系变得有很大的不同。当然，摇奖机器的不同导致走势的不同也是重要因素之一。

一、研究排列 3 中奖号码需要哪些图表

（一）研究排列 3 的基础图表

　　彩票图表是我们研究中奖号码走势的重要工具。绘制简单、直观、有效的彩票图表对提升中奖概率是很重要的。

1. 排列 3 的基本三线图和分布图

排列 3 的基本三线图和分布图是最基本的图表。有的彩民只靠这种

图表就可以进行选号和投注了。我们可以从图形、冷热、遗漏等各个方面来分析判断。对于基本图形的学习可以参见《赢的新策略——福彩3D也得500万》一书（经济管理出版社2009年版），在这里就不重复说明了。

期数	号码
1046	961
1047	400
1048	121
1049	259
1050	735
1051	734
1052	204
1053	548
1054	796
1055	230
1056	534
1057	374
1058	411
1059	627
1060	570
1061	609
1062	146
1063	844
1064	268
1065	208
1066	360
1067	588
1068	597
1069	851
1070	669
1071	578
1072	970

2. 排列3的奇偶图

奇偶分布图是一张很重要、但常常被彩民朋友忽略的图表。它能使人清醒地看到号码之间的内部联系。例如，我们看到了2010年的大量案例，像奇数中数字5与数字7的关系，偶数中数字6与数字8的关系。

彩民朋友请看：

2010 年第 1053 期开出了数字 5，然后，下期开出了数字 7。

2010 年第 1056 期开出了数字 5，然后，下期开出了数字 7。

2010 年第 1058 期开出了数字 5，然后，下期开出了数字 7。

2010 年第 1062 期开出了数字 5，然后，下期开出了数字 7。

2010 年第 1067 期开出了数字 5，然后，下期开出了数字 7。

2010 年第 1071 期开出了数字 5，然后，下期开出了数字 7。

而这种现象在 3D 中极为少见，而在排列 3 中可以说是一种明显的特征，也可以说是排列 3 所独有的走势特征，这也是为什么排列 3 要单独成书的原因。其实，排列 3 这种独有的走势特点还有很多。

大家再请看：

2010 年第 1053 期开出了数字 4，然后，下期开出了数字 6。

2010 年第 1058 期开出了数字 4，然后，下期开出了数字 6。

2010 年第 1063 期开出了数字 4，然后，下期开出了数字 6。

2010 年排列 3 奇偶排序号码分布图

期数	号码	1	3	5	7	9	0	2	4	6	8
1052	20433		③				0	2	4		
1053	54897			5	7	9			4		8
1054	79664				7	9			4	⑥	
1055	23004		3				◎	2	4		
1056	53476		3	5	7				4	6	
1057	37443		③		7				④		
1058	41185	①		5					4		8
1059	62714	1			7				4	6	
1060	57089			5	7	9	0				8
1061	60995			5		⑨	0			6	

期数	号码	1	3	5	7	9	0	2	4	6	8
1062	14665	1		5					4	⑥	
1063	84470				7				④		8
1064	26809					9	0	2		6	8
1065	20808						◎	2			⑧
1066	36042		3				0	2	4	6	
1067	58893		3	5		9					⑧
1068	59797			5	⑦	⑨					
1069	85100	1		5			◎				8
1070	66938		3			9				⑥	8
1071	57825			⑤	7			2			8
1072	97074				⑦	9	0		4		

3. 排列 3 的 012 路图

012 路图表是比较重要的基础图表，其主要分为 012 路三线图和 012 路排序分布图。

（1）排列 3 的 012 路三线图

我们从三线的 012 路图上可以看到，第一线在 2010 年第 47 期到第 56 期号码主要出现在 1 路和 2 路号码之中。而在第二线，从第 50 期到第 66 期号码主要出现在 0 路和 1 路号码之间。而第三线则是短暂的转换。例如，第 50 期到第 55 期主要是 0 路号码为空当，而在第 54 期到第 65 期主要是 2 路号码为空当。我们通过判断这种趋势就可以有选择地来确定出号区域和空当区域了。

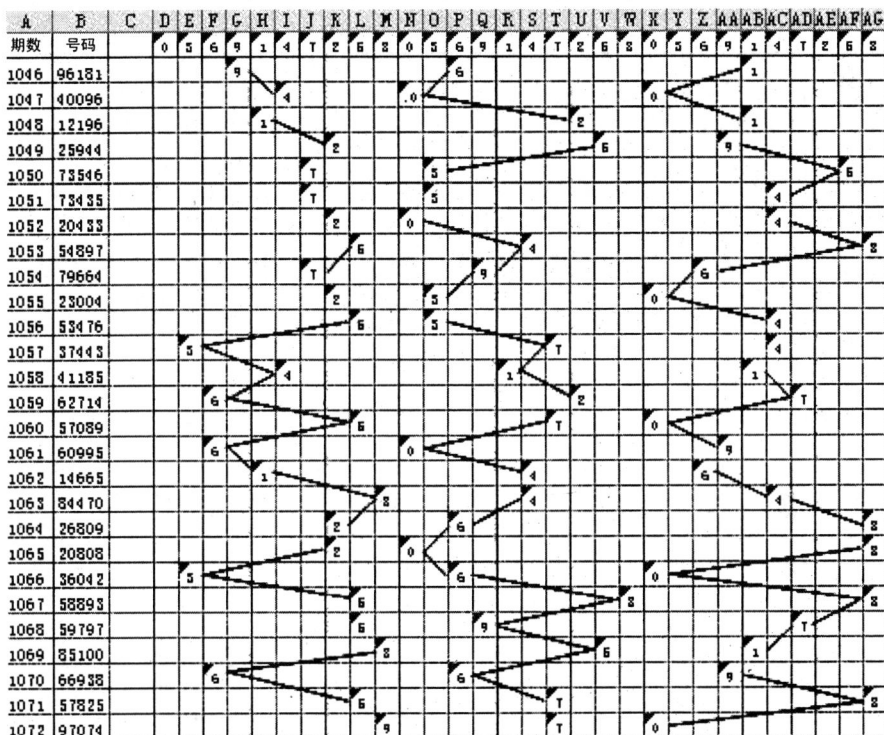

期数	号码
1046	96181
1047	40096
1048	12196
1049	25944
1050	73546
1051	73435
1052	20433
1053	54897
1054	79664
1055	23004
1056	53476
1057	37443
1058	41185
1059	62714
1060	57089
1061	60995
1062	14665
1063	84470
1064	26809
1065	20808
1066	36042
1067	58893
1068	59797
1069	85100
1070	66938
1071	57825
1072	97074

（2）排列 3 的 012 路排序分布图

排列 3 的 012 路排序分布图也是一张比较重要的图表（图表中圆圈中的数字为对子号码，也就是说代表 2 个相同的号码）。同样，我们从 2010 年的 012 路排序分布图上可以看到，各路号码在区域之内的联系，以及各路号码区域之间号码的相关性。例如，我们看到在 1 路号码 1、4、7 之间，在第 53 期到第 59 期数字 7 和数字 4 的相关性。同时，我们也能清楚地看到 1 路号码中的数字 7 与 2 路号码的数字 5 之间的关系。

2010 年排列 3 的 012 路排序分布图

期数	号码	0	3	6	9	1	4	7	2	5	8
1052	204	0					4		2		
1053	548						4			5	8

续表

期数	号码	0	3	6	9	1	4	7	2	5	8
1054	796			6	9			7			
1055	230	0	3						2		
1056	534		3				4			5	
1057	374		3				4	7			
1058	411					①	4				
1059	627			6				7	2		
1060	570	0						7		5	
1061	609	0		6	9						
1062	146			6		1	4				
1063	844						④				8
1064	268			6					2		8
1065	208	0							2		8
1066	360	0	3	6							
1067	588									5	⑧
1068	597				9			7		5	
1069	851					1				5	8
1070	669			⑥	9						
1071	578							7		5	8
1072	970	0			9			7			

4. 排列3的和值走势图

　　排列3的和值走势图的主要用途是协助选择或者排除号码组合。当然了，也有人只看和值图表来选择号码。但是，单纯看和值走势图表很难提高中奖概率。另外，我们看到下面的和值走势图表又分成了奇数值和偶数值，以及三个小分区的分布图（a 代表 0～9 点，b 代表 10～19 点，c 代表 20～27 点）。这样可以更清楚地分析和值的走势情况。

期数	号码	和值	奇/偶	高/低	a	b	c
1052	204	6		低	1		
1053	548	17	奇			1	
1054	796	22		低			1
1055	230	5	奇		1		
1056	534	13	奇			1	
1057	374	14		低		1	
1058	411	6		低	1		
1059	627	15	奇			1	
1060	570	12		低		1	
1061	609	15	奇			1	
1062	146	11	奇			1	
1063	844	16		低		1	
1064	268	18		低		1	
1065	208	10		低		1	
1066	360	9	奇		1		
1067	588	21	奇				1
1068	597	21	奇				1
1069	851	14		低		1	
1070	669	21	奇				1
1071	578	20		低			1
1072	970	16		低		1	

5. 排列 5 的排序分布图

2010 年排列 5 的排序分布图

期数	号码	0	1	2	3	4	5	6	7	8	9
1051	73435				③	4	5		7		
1052	20433	0		2	③	4					
1053	54897					4	5		7	8	9
1054	79664					4		⑥	7		9
1055	23004	◎		2	3	4					
1056	53476				3	4	5	6	7		
1057	37443				③	④			7		
1058	41185		①			4	5			8	

续表

期数	号码	0	1	2	3	4	5	6	7	8	9
1059	62714		1	2		4		6	7		
1060	57089	0					5		7	8	9
1061	60995	0					5	6			⑨
1062	14665		1			4	5	⑥			
1063	84470	0				④			7	8	
1064	26809	0		2				6		8	9
1065	20808	◎		2						⑧	
1066	36042	0		2	3	4		6			
1067	58893				3		5			⑧	9
1068	59797						5		⑦		⑨
1069	85100	◎	1				5			8	
1070	66938				3			⑥		8	9
1071	57825			2			⑤		7	8	
1072	97074	0				4			⑦		9

6. 排列 5 的奇偶图

2010 年排列 5 的奇偶图

期数	中奖号码	1	3	5	7	9	0	2	4	6	8
1052	20433		③				0	2	4		
1053	54897			5	7	9			4		8
1054	79664				7	9			4	⑥	
1055	23004		3				◎	2			
1056	53476		3	5	7				4	6	
1057	37443		③		7				④		

续表

期数	中奖号码	1	3	5	7	9	0	2	4	6	8
1058	41185	①		5					4		8
1059	62714	1			7				4	6	
1060	57089			5	7	9	0				8
1061	60995			5		⑨	0			6	
1062	14665	1		5					4	⑥	
1063	84470				7				④		8
1064	26809					9	0	2		6	8
1065	20808						◎	2			⑧
1066	36042		3				0	2	4	6	
1067	58893		3	5		9					⑧
1068	59797			5	⑦	⑨					
1069	85100	1		5			◎				8
1070	66938		3			9				⑥	8
1071	57825			⑤	7			2			8
1072	97074				⑦	9	0		4		

（二）研究排列 3 的扩展图表

1. 幸运号码间隔图

2010 年幸运号码间隔图表

期数	号码	1	7	2	8	3	9	4	0	5	6
1064	268			2	8						6
1065	208			2	8				0		

期数	号码	1	7	2	8	3	9	4	0	5	6
1066	360					3			0		6
1067	588				⑧					5	
1068	597		7				9			5	
1069	851	1			8					5	
1070	669						9				⑥
1071	578		7		8					5	
1072	970		7				9		0		
1073	555									(5)	
1074	349					3	9	4			
1075	854				8			4		5	
1076	271	1	7	2							
1077	992			2			⑨				
1078	049						9	4	0		

2. 质合号码图表

质合号码图表是继大小、奇偶分类之外，可以将 10 个号码两分的图表。其中 1、2、3、5、7 是质数，0、4、6、8、9 是合数。我们通过质合号码图表既可以考察号码之间的联系，又可以从区域上把握号码的走势。

2010 年质合号码图表

期数	号码	1	2	3	5	7	0	4	6	8	9
1064	268		2						6	8	
1065	208		2				0			8	
1066	360			3			0		6		
1067	588				5					⑧	

续表

期数	号码	1	2	3	5	7	0	4	6	8	9
1068	597				5	7					9
1069	851	1			5					8	
1070	669								⑥		9
1071	578				5	7				8	
1072	970					7	0				9
1073	555				(5)						
1074	349			3				4			9
1075	854				5			4		8	
1076	271	1	2			7					
1077	992		2								⑨
1078	049						0	4			9

二、如何整合和运用这些图表

上面我们列出了实用的各种图表，下面我们结合一些实战进行分析。

（一）先看排列 5 的图表，再看排列 3 的图表

由于排列 5 的图表是覆盖排列 3 的图表的，如果单纯看排列 3 的图表可能会有所遗漏，所以，选取排列 3 的号码要先看排列 5 的图表。

我们以 2010 年的数据进行说明（前面的从 0 到 9 是排列 3 的排序号码分布图、后面的从 0 到 9 是排列 5 的排序号码分布图，表中圆圈内的数字代表对子号码）。

例如，我们看到第 1051 期排列 5 的图表上 3、4、5 是一个三连号码，

按照连号之下出现重复号码概率较高的原则，我们考虑 3、4、5 至少出一个号码，这样就可以最少锁定一个号码。

我们再往下看，从第 1052 期上看，3 连出的趋势比较明显，所以，在判断第 1053 期的时候，数字 3 和 4 是必选。而在排列 3 的图表上我们只看到了数字 4 有形成竖三连的可能。通过两个排序号码分布图的对比分析，我们可以更准确地锁定号码。

期数	号码	排列3分布图										排列5分布图									
		0	1	2	3	4	5	6	7	8	9	0	1	2	3	4	5	6	7	8	9
1051	73435				3	4			7						③	4	5		7		
1052	20433	0		2		4						0		2	③	4					
1053	54897					4	5			8						4	5		7	8	9
1054	79664							6	7		9					4		⑥	7		9
1055	23004	0		2	3							◎		2	3	4					
1056	53476				3	4	5								3	4	5	6	7		
1057	37443				3	4			7						③	④			7		
1058	41185		①			4							①			4	5			8	
1059	62714			2				6	7				1	2		4		6	7		
1060	57089	0					5		7			0					5		7	8	9
1061	60995	0						6			9	0					5	6			⑨
1062	14665		1			4		6					1			4	5	⑥			
1063	84470					④				8		0				④			7	8	
1064	26809			2				6		8		0		2				6		8	9
1065	20808	0		2						8		◎		2						⑧	
1066	36042	0			3			6				0		2	3	4		6			
1067	58893						5			⑧					3		5			⑧	9
1068	59797						5		7		9						5		⑦		⑨
1069	85100		1				5			8		◎	1				5			8	

续表

期数	号码	排列 3 分布图										排列 5 分布图									
		0	1	2	3	4	5	6	7	8	9	0	1	2	3	4	5	6	7	8	9
1070	66938							⑥			9				3			⑥		8	9
1071	57825						5		7	8				2			⑤		7	8	
1072	97074	0							7		9	0				4			⑦		9

（二）排列 3 和排列 5 的图表要相互参照

我们看看排列 3 和排列 5 的奇数对比图就能看出一些奥妙来。

例如，我们首先看到在排列 3 的奇数图表中，第 1052 期是奇数空当，所以，很难判断第 1053 期奇数的走向；而在排列 5 的奇数图上，第 1052 期之前数字 3 与数字 5 的关系比较紧密，所以很容易就判断出第 1053 期数字 5 的出现。

再例如，在排列 3 的奇数分布图上，第 1057 期的数字 7，我们虽然能从斜三连看出来，但是，参照物较少，不好判断是否为胆码。如果我们再看了排列 5 的奇数走势图，就能根据第 1053 期和第 1054 期的图形，可以明确判定第 1057 期的数字 7 是金胆。类似的例子很多。

同样，对排列 5 和排列 3 的偶数分布图、012 路分布图等都可以比较着分析。

期数	号码	排列 3 奇数图表					排列 5 奇数图表				
1052	20433							③			
1053	54897			5					5	7	9
1054	79664				7	9				7	9
1055	23004		3					3			

期数	号码	排列3奇数图表					排列5奇数图表				
1056	53476		3	5				3	5	7	
1057	37443		3		7			③		7	
1058	41185	①					①		5		
1059	62714				7		1			7	
1060	57089			5	7				5	7	9
1061	60995					9			5		⑨
1062	14665	1					1		5		
1063	84470									7	
1064	26809										9
1065	20808										
1066	36042		3					3			
1067	58893			5				3	5		9
1068	59797			5	7	9			5	⑦	⑨
1069	85100	1		5			1	·	5		
1070	66938					9		3			9
1071	57825			5	7				⑤	7	
1072	97074				7	9				⑦	9

（三）排列3选号要以组选为主

以排列3的组选为主就可以实现化繁为简、以简克繁的效果。实际上要想在排列3的单线图上精确定位确实是可以的，但是很难，同时付出的成本也较高。我们在实战中可以采取对看好的组选组合进行一定数量的加倍投注，就可以有效地提高中奖金额。

1. 五码组选组合是一个黄金组合

所谓五码组选组合，就是从 10 个号码中选取 5 个号码进行组选组合。例如，我们通过分析和研究，判断本期可能开出的号码是在 1、2、3、4、5 的范围之中，那么，我们可以组合成如下的单注组选进行投注，直接买 1、2、3、4、5 的组选复式投注也可以。但是，如果我们选择了 5 码的复式投注，就没法进行筛选性投注了。

1、2、3、4、5 可以组成如下单式组选投注：

123　124　125　134　135　145　234　235　245　345

一般来说，如果每期投入 20 元，投入 8 期，如果中组选 6 是 160 元。从实战来看，连续投注 8 期中奖概率相对要高一些。其费效比是一个比较恰当的临界点。

2. 在适当的时机通过 4 码组选组合赢得高额奖金

4 码组合是一个费效比最高的组选组合。但是，4 码中奖的难度还是比较大的。虽然与 5 码只差一个号码，但是，这个号码起着至关重要的作用。

在实战中我们可以在组合 5 码的同时，对那些出号特征明显的 4 码进行重点投注。

三、关于排列 3 出号的一些周期和极值的分析

大家都知道，选 3 玩法都有一些理论的极值，这些数值可以帮助我们清醒地认识彩票随机走势的周期性和准周期性，从而更好地进行理性投注。从目前的数据来看，中国排列 3 的最大遗漏值都没有超过美国的选 3 玩法。这主要是由于美国选 3 玩法一般都摇奖几十年了，其数据量远远大

于排列 3，所以，其偏态极值也远远大于排列 3。极值有底线吗？答案是：也许有。也许就是你投注哪个，哪个就能突破极限值。

（一）豹子号码出现的极值

豹子号码就是三同号码。一般来说，平均每 100 期就会开出 1 期豹子号码，平均每 1000 期就会开出相同的豹子号码。当然了，这只是理论数据，而实际上都各有不同。

例如，排列 3 在 2005 年第 217 期开出了 555 这组豹子号码，在相隔了 1644 期之后，在 2010 年第 73 期又开出了 555 的中奖号码。在豹子号遗漏间隔远远超过理论周期后，大家可以有针对性地进行一定的投注。

同样，豹子号码也有间隔 1 期就出现的事例。例如，2008 年排列 3 的第 43 期中奖号码开出豹子号码 111 后，又在第 45 期开出 666。间隔一期又出现豹子号码令很多彩民大跌眼镜，但是，也有一些彩民把握住了趋势，获得了奖金。豹子号是体彩排列 3 中比较罕见的号码，然而很多彩民都对此情有独钟，几乎每次开出都能够带来高返奖率。

（二）组选 3 的间隔周期

组选 3 的理论平均间隔为 3.7 期，而实际上的平均间隔为 3.5 期。2005 年的数据组选 3 的最大间隔是 14 期。2010 年的数据组选 3 的最大间隔是 10 期（截至发稿为止）。

（三）组选 6 的间隔周期

组选 6 的间隔周期一般都比较短，因为连续的组选 3 已经呈现出偏态了。在实战中主要是勘查 5 码组选 6 的周期，其理论上每 17 期出现 1 期，目前，最长的已经有 120 期的极值记录了。

（四）和值的间隔周期

由于和值的分布数值不同，所以，其间隔各有特点。例如，14 点和值一般来说是密集和值，其间隔周期较短，理论周期是每 13 期开出 1 期。但是，也有不少例外的情况，例如，历史上有 80 期才开出的周期情况，更长的有 96 期才出现的极值情况。而 0 点、27 点和值，一般来说其循环周期较长。

一般来说，彩民朋友蹲堵和值主要选择 9～20 点左右的遗漏周期较长的进行投注。

（五）三线号码的间隔周期

一般而言，第一线、第二线、第三线（或称"位"），每线从 0～9 号码出现的理论周期是 10 期。但是，有的时候几十期也是正常的，历史上也有 81 期才出现的情况。

（六）其他的间隔周期

一般来说，像大小、奇偶、质合的周期在 8 期左右。但是，历史上间隔几十期也不少见。例如，合合合类型：计 125 注直选，历史最长间隔为 62 期，偏态数值为 7.75 个周期。所以，考察其理论周期只能是一个参考而已。

第三章 排列3常态号码类型分析

我们经过仔细研究发现，排列3的中奖号码主要是和值在8~20点，其中1大2小、2大1小，1奇2偶、2奇1偶的号码占据了比较大的比例。对于这些号码我们称之为是常态号码，而其他不经常出现的号码被称之为非常态号码。当然了，有的时候在某些阶段个别非常态号码连续偏态出现，但是，这也改变不了组合在总体上、长期性上是常态号码组合的事实。

一、组选3的常态号码类型

组选3的号码在排列3中有时连续多期出现，有时隔期出现一段周期，还有时是长期空窗。我们通过分析并列出了组选3的常态号码类型，供实战使用（去掉了和值0~7点的组合和21~27点和值的组合）。

和值　号码（去掉全奇、全偶、全大、全小）

8点　　116

9点　　009　　225

10点　　118　　550

11点　　227

12 点　　336　552

13 点　　229　445　661

14 点　　338　554　770

15 点　　447　663

16 点　　772

17 点　　449　881

18 点　　774　990

19 点　　883

20 点　　992

以上共计：23 注

二、组选 6 的常态号码类型

组选 6 的号码在排列 3 中是比较基本的状态。在上面我们通过分析并列出了组选 3 的常态号码类型，供实战使用。我们通过列出全部组选组合就会发现，组选 3 型的实用性较高，而组选 6 型实际上还需要一些条件来继续缩小范围。这是由于组选 3 的常规号码类型投注成本比较低，中奖额较高，其费效比较好的缘故。

下面我们看看组选 6 的常规号码类型：

和值　号码（去掉了全奇、全偶、全大、全小）

8 点　　017　035　125

9 点　　018　027　036　045　126

10 点　　019　037　136　145　127　235

11 点　　029　038　047　146　128　245　236　056

12 点　　039　138　147　156　129　237　345　057

13 点　　049　148　247　256　238　346　058　067

14 点	149	158	347	356	239	257	059	167
15 点	249	168	348	456	258	267	069	078
16 点	349	178	367	457	358	259	169	079
17 点	467	458	368	278	269	089		
18 点	459	378	369	279	189			
19 点	478	469	289					
20 点	479	389						

以上共计：78 注

三、如何判定开出符合常态号码类型

我们通过分析常态号码类型就可以看出，在实战中应用价值比较大的是组选 3 的常态类型号码。一般来说，我们如果判断可能开出组选 3 类型的号码，就可以投注预先选好的 23 注组选 3 号码组合。

当然了，我们可以通过研究和分析判断进一步缩小组合范围。目前，常用的方法和工具如下：

（一）通过判定形态和和值来缩小预选的组合号码

在实战中我们可以先把和值限定在 5～8 个点之间，然后，根据可能出现的形态来进一步缩小范围。例如，根据出现质合情况、跨度情况等进行进一步的筛选。

（二）通过判定 1 个胆码来缩小预选的组合号码

有的时候我们在实战中发现，判断一个号码的准确率比较高，而判断

2 个号码的时候难度相对更大，而判断 3 个号码的时候就比较容易离谱。所以，我们通过分析和研究判断出 1 个胆码的时候，就可以排除没有看好胆码的组合，从而降低投注成本。

（三）通过上期的形态和类型判断下期的情况

一般而言，连续 2 期乃至 3 期走出偏态的情况比较少见，所以，如果上期走出全大、全小等偏态类型之后，紧接着的 1～2 期走出常态类型的可能性就比较大。

四、两码直选和组选分析组合法

两码分析组合是排列 3 玩法比较实用的战法，相信一些常常被冠以 2D 王称号的彩民朋友，看到这里会有同感。其实，由于锁定 1 码投入成本实际上比较高，所以，两码的分析组合往往显得风险度、实用性、可靠性比较适中。下面我们列出其全部相关组合：

1. 01 组合

（1）01 的直选组合，一共是 54 注直选

010	011	012	013	014	015	016	017	018	019
001		021	031	041	051	061	071	081	091
	101	201	301	401	501	601	701	801	901
100		102	103	104	105	106	107	108	109
	110	120	130	140	150	160	170	180	190
		210	310	410	510	610	710	810	910

（2）01 的组选组合，一共是 10 注组选

010　011　012　013　014　015　016　017　018　019

（3）简要分析

01 组合是一组小号、一奇一偶的两码组合。它们的组合和值从 1 点到 10 点。比较适合小数区间的号码组合。我们在实战中除了判断两码之外，还可以根据和值来进行辅助判断分析。

2. 02 组合

（1）02 的直选组合，一共是 54 注直选

020	021	022	023	024	025	026	027	028	029
002	012		032	042	052	062	072	082	092
	102	202	302	402	502	602	702	802	902
200	201		203	204	205	206	207	208	209
	210	220	230	240	250	260	270	280	290
	120		320	420	520	620	720	820	920

（2）02 的组选组合，一共是 10 注组选

020　021　022　023　024　025　026　027　028　029

（3）简要分析

02 组合是一组小号、全偶的两码组合。它们的组合和值从 2 点到 11 点。也比较适合小数区间的号码组合。值得注意的是，02 号码组合之中有不少全偶数的组合，当判定基本上不会出全偶组合的时候可以将其排除。

3. 03 组合

（1）03 的直选组合，一共是 54 注直选

030	031	032	033	034	035	036	037	038	039
003	013	023		043	053	063	073	083	093

	103	203	303	403	503	603	703	803	903
300	301	302		304	305	306	307	308	309
	310	320	330	340	350	360	370	380	390
	130	230		430	530	630	730	830	930

（2）03 的组选组合，一共是 10 注组选

030　031　032　033　034　035　036　037　038　039

（3）简要分析

03 组合是一组小号，为一奇一偶。和值从 3 点到 12 点。大家可以看出，12 点和值已经比较接近中心值了。一般来说，8 点以上的和值的组合出现概率要高于 8 点以下组合出现的概率。

4. 04 组合

（1）04 的直选组合，一共是 54 注直选

040	041	042	043	044	045	046	047	048	049
004	014	024	034		054	064	074	084	094
	104	204	304	404	504	604	704	804	904
400	401	402	403		405	406	407	408	409
	410	420	430	440	450	460	470	480	490
	140	240	340		540	640	740	840	940

（2）04 的组选组合，一共是 10 注组选

040　041　042　043　044　045　046　047　048　049

（3）简要分析

又是一个全小偶数组合。和值从 4 点到 13 点。一般来说，我们能从排列 3 的中奖号码中拆分出 3 个两码来。例如，2010 期第 43 期排列 3 的中奖号码是 408，那么，可以拆分出 40、48、08 一共 3 个两码来。我们抓住了任意的一个两码，都可以覆盖住中奖号码。依据这种情况，我们在实战中可以做一张中奖号码拆分两码的分布图表。

5. 05 组合

（1）05 的直选组合，一共是 54 注直选

```
050   051   052   053   054   055   056   057   058   059
005   015   025   035   045         065   075   085   095
      105   205   305   405   505   605   705   805   905
500   501   502   503   504         506   507   508   509
      510   520   530   540   550   560   570   580   590
      150   250   350   450         650   750   850   950
```

（2）05 的组选组合，一共是 10 注组选

```
050   051   052   053   054   055   056   057   058   059
```

（3）简要分析

05 是第一对一大一小组合，从这个组合开始，可以说就进入了比较常见的出号组合区间了。和值从 5 点到 14 点，也就是到达了中心和值区域。

6. 06 组合

（1）06 的直选组合，一共是 54 注直选

```
060   061   062   063   064   065   066   067   068   069
006   016   026   036   046   056         076   086   096
      106   206   306   406   506   606   706   806   906
600   601   602   603   604   605         607   608   609
      610   620   630   640   650   660   670   680   690
      160   260   360   460   560         760   860   960
```

（2）06 的组选组合，一共是 10 注组选

```
060   061   062   063   064   065   066   067   068   069
```

（3）简要分析

06 组合是一大一小组合，同时也是全偶组合。和值从 6 点到 15 点。

7. 07 组合

（1）07 的直选组合，一共是 54 注直选

070	071	072	073	074	075	076	077	078	079
007	017	027	037	047	057	067		087	097
	107	207	307	407	507	607	707	807	907
	701	702	703	704	705	706		708	709
700	710	720	730	740	750	760	770	780	790
	170	270	370	470	570	670		870	970

（2）07 的组选组合，一共是 10 注组选

070	071	072	073	074	075	076	077	078	079

（3）简要分析

07 组合是一大一小组合，同时也是一偶一奇、一质一合的组合，又是 0 路号码与 1 路号码的组合。07 组合的跨度从 0 到 9，大家可以根据数值进行一定的筛选。

8. 08 组合

（1）08 的直选组合，一共是 54 注直选

080	081	082	083	084	085	086	087	088	089
008	018	028	038	048	058	068	078		098
	108	208	308	408	508	608	708	808	908
800	801	802	803	084	805	806	807		809
	810	820	830	840	850	860	870	880	890
	180	280	380	480	580	680	780		980

（2）08 的组选组合，一共是 10 注组选

080	081	082	083	084	085	086	087	088	089

（3）简要分析

08 组合是一对一大一小组合，同时为全偶组合。和值从 8 点到 17 点，基本覆盖了主流的出号区域。其组合值得重视。

9. 09 组合

（1）09 的直选组合，一共是 54 注直选

090	091	092	093	094	095	096	097	098	099
009	019	029	039	049	059	069	079	089	
	109	209	309	409	509	609	709	809	909
900	901	902	903	904	905	906	907	908	
	910	920	930	940	950	960	970	980	990
	190	290	390	490	590	690	790	890	

（2）09 的组选组合，一共是 10 注组选

090　091　092　093　094　095　096　097　098　099

（3）简要分析

09 组合是一大一小、一奇一偶组合。和值从 9 点到 18 点。也是比较常用组合的覆盖区域。

10. 12 组合

（1）12 的直选组合，一共是 54 注直选

120	121	122	123	124	125	126	127	128	129
102	112		132	142	152	162	172	182	192
012		212	312	412	512	612	712	812	912
210	211		213	214	215	216	217	218	219
201		221	231	241	251	261	271	281	291
021		321	421	521	621	721	821	921

（2）12 的组选组合，一共是 10 注组选

120　121　122　123　124　125　126　127　128　129

（3）简要分析

12 组合是一个两小组合，同时，又是一奇一偶组合。和值从 3 点到 12 点。大家可以根据和值的走向再舍取一些号码。

11. 13 组合

（1）13 的直选组合，一共是 54 注直选

130	131	132	133	134	135	136	137	138	139
103	113	123		143	153	163	173	183	193
013		213	313	413	513	613	713	813	913
310	311	312		314	315	316	317	318	319
301		321	331	341	351	361	371	381	391
031		231		431	531	631	731	831	931

（2）13 的组选组合，一共是 10 注组选

130　131　132　133　134　135　136　137　138　139

（3）简要分析

13 组合是一个全奇、全小的组合。和值从 4 点到 13 点。

12. 14 组合

（1）14 的直选组合，一共是 54 注直选

140	141	142	143	144	145	146	147	148	149
104		124	134		154	164	174	184	194
014	114	214	314	414	514	614	714	814	914
410		412	413		415	416	417	418	419
401	411	421	431	441	451	461	471	481	491
041		241	341		541	641	741	841	941

(2) 14 的组选组合，一共是 10 注组选

140　141　142　143　144　145　146　147　148　149

(3) 简要分析

14 组合是全小的一奇一偶组合。和值覆盖从 5 点到 14 点。

13. 15 组合

(1) 15 的直选组合，一共是 54 注直选

150	151	152	153	154	155	156	157	158	159
105		125	135	145		165	175	185	195
015	115	215	315	415	515	615	715	815	915
510		512	513	514		516	517	518	519
501	511	521	531	541	551	561	571	581	591
051		251	351	451		651	751	851	951

(2) 15 的组选组合，一共是 10 注组选

150　151　152　153　154　155　156　157　158　159

(3) 简要分析

15 组合是全奇的一大一小组合。和值从 6 点到 15 点。

14. 16 组合

(1) 16 的直选组合，一共是 54 注直选

160	161	162	163	164	165	166	167	168	169
106	116	126	136	146	156		176	186	196
016		216	316	416	516	616	716	816	916
610		612	613	614	615		617	618	619
601	611	621	631	641	651	661	671	681	691
061		261	361	461	561		761	861	961

（2）16 的组选组合，一共是 10 注组选

160　161　162　163　164　165　166　167　168　169

（3）简要分析

16 组合是一大一小、一奇一偶组合。和值从 7 点到 16 点。

15. 17 组合

（1）17 的直选组合，一共是 54 注直选

170	171	172	173	174	175	176	177	178	179
107	117	127	137	147	157	167		187	197
017		217	317	417	517	617	717	817	917
710	711	712	713	714	715	716		718	719
701		721	731	741	751	761	771	781	791
071		271	371	471	571	671		871	971

（2）17 的组选组合，一共是 10 注组选

170　171　172　173　174　175　176　177　178　179

（3）简要分析

17 组合是全奇的一大一小组合。和值从 8 点到 17 点。

16. 18 组合

（1）18 的直选组合，一共是 54 注直选

180	181	182	183	184	185	186	187	188	189
108	118	128	138	148	158	168	178		198
018		218	318	418	518	618	718	818	918
810	811	812	813	814	815	816	817		819
801		821	831	841	851	861	871	881	891
081		281	381	481	581	681	781		981

(2) 18 的组选组合，一共是 10 注组选

| 180 | 181 | 182 | 183 | 184 | 185 | 186 | 187 | 188 | 189 |

(3) 简要分析

18 组合是一大一小、一奇一偶组合。和值从 9 点到 18 点。

17. 19 组合

(1) 19 的直选组合，一共是 54 注直选

190	191	192	193	194	195	196	197	198	199
109	119	129	139	149	159	169	179	189	
019		219	319	419	519	619	719	819	919
910	911	912	913	914	915	916	917	918	
901		921	931	941	951	961	971	981	991
091		291	391	491	591	691	791	891	

(2) 19 的组选组合，一共是 10 注组选

| 190 | 191 | 192 | 193 | 194 | 195 | 196 | 197 | 198 | 199 |

(3) 简要分析

19 组合是全奇的一大一小组合。和值从 10 点到 19 点。

18. 23 组合

(1) 23 的直选组合，一共是 54 注直选

230	231	232	233	234	235	236	237	238	239
203	213	223		243	253	263	273	283	293
023	123		323	423	523	623	723	823	923
320	321	322		324	325	326	327	328	329
302	312		332	342	352	362	372	382	392
032	132			432	532	632	732	832	932

（2）23 的组选组合，一共是 10 注组选

230　231　232　233　234　235　236　237　238　239

（3）简要分析

23 组合是全小的一奇一偶组合，和值从 5 点到 14 点。

19. 24 组合

（1）24 的直选组合，一共是 54 注直选

240	241	242	243	244	245	246	247	248	249
204	214	224	234		254	264	274	284	294
024	124		324	424	524	624	724	824	924
420	421	422	423		425	426	427	428	429
402	412		432	442	452	462	472	482	492
042	142		342		542	642	742	842	942

（2）24 的组选组合，一共是 10 注组选

240　241　242　243　244　245　246　247　248　249

（3）简要分析

24 组合是全偶全小的组合。和值从 6 点到 15 点。

20. 25 组合

（1）25 的直选组合，一共是 54 注直选

250	251	252	253	254	255	256	257	258	259
205	215	225	235	245		265	275	285	295
025	125		325	425	525	625	725	825	925
520	521	522	523	524		526	527	528	529
502	512		532	542	552	562	572	582	592
052	152		352	452		652	752	852	952

（2）25 的组选组合，一共是 10 注组选

250　251　252　253　254　255　256　257　258　259

（3）简要分析

25 组合是一大一小、一奇一偶组合。和值从 7 点到 16 点。

21. 26 组合

（1）26 的直选组合，一共是 54 注直选

260	261	262	263	264	265	266	267	268	269
206	216	226	236	246	256		276	286	296
026	126		326	426	526	626	726	826	926
620	621	622	623	624	625		627	628	629
602	612		632	642	652	662	672	682	692
062	162		362	462	562		762	862	962

（2）26 的组选组合，一共是 10 注组选

260　261　262　263　264　265　266　267　268　269

（3）简要分析

26 组合是全偶的一大一小组合。和值从 8 点到 17 点。

22. 27 组合

（1）27 的直选组合，一共是 54 注直选

270	271	272	273	274	275	276	277	278	279
207	217	227	237	247	257	267		287	297
027	127		327	427	527	627	727	827	927
720	721	722	723	724	725	726		728	729
702	712		732	742	752	762	772	782	792
072	172		372	472	572	672		872	972

（2）27 的组选组合，一共是 10 注组选

270　271　272　273　274　275　276　277　278　279

（3）简要分析

27 组合是一大一小、一奇一偶组合。和值从 9 点到 18 点。

23. 28 组合

（1）28 的直选组合，一共是 54 注直选

280	281	282	283	284	285	286	287	288	289
208	218	228	238	248	258	268	278		298
028	128		328	428	528	628	728	828	928
820	821	822	823	824	825	826	827		829
802	812		832	842	852	862	872	882	892
082	182		382	482	582	682	782		982

（2）28 的组选组合，一共是 10 注组选

280　281　282　283　284　285　286　287　288　289

（3）简要分析

28 组合是全偶的一大一小组合。和值从 10 点到 19 点。

24. 29 组合

（1）29 的直选组合，一共是 54 注直选

290	291	292	293	294	295	296	297	298	299
209	219	229	239	249	259	269	279	289	
029	129		329	429	529	629	729	829	929
920	921	922	923	924	925	926	927	928	
902	912		932	942	952	962	972	982	992
092	192		392	492	592	692	792	892	

（2）29 的组选组合，一共是 10 注组选

290　291　292　293　294　295　296　297　298　299

（3）简要分析

29 组合是一大一小、一奇一偶组合。和值从 11 点到 20 点。

25. 34 组合

（1）34 的直选组合，一共是 54 注直选

340	341	342	343	344	345	346	347	348	349
304	314	324	334		354	364	374	384	394
034	134	234		434	534	634	734	834	934
430	431	432	433		435	436	437	438	439
403	413	423		443	453	463	473	483	493
043	143	243			543	643	743	843	943

（2）34 的组选组合，一共是 10 注组选

340　341　342　343　344　345　346　347　348　349

（3）简要分析

34 组合是全小的一奇一偶组合。和值从 7 点到 16 点。

26. 35 组合

（1）35 的直选组合，一共是 54 注直选

350	351	352	353	354	355	356	357	358	359
305	315	325	335	345		365	375	385	395
035	135	235		435	535	635	735	835	935
530	531	532	533	534		536	537	538	539
503	513	523		543	553	563	573	583	593
053	153	253		453		653	753	853	953

(2) 35 的组选组合，一共是 10 注组选

350　351　352　353　354　355　356　357　358　359

(3) 简要分析

35 组合是全奇的一大一小组合。和值从 8 点到 17 点。

27. 36 组合

(1) 36 的直选组合，一共是 54 注直选

360	361	362	363	364	365	366	367	368	369
306	316	326	336	346	356		376	386	396
036	136	236		436	536	636	736	836	936
630	631	632	633	634	635		637	638	639
603	613	623		643	653	663	673	683	693
063	163	263		463	563		763	863	963

(2) 36 的组选组合，一共是 10 注组选

360　361　362　363　364　365　366　367　368　369

(3) 简要分析

36 组合为一大一小、一奇一偶组合。和值从 9 点到 18 点。

28. 37 组合

(1) 37 的直选组合，一共是 54 注直选

370	371	372	373	374	375	376	377	378	379
307	317	327	337	347	357	367		387	397
037	137	237		437	537	637	737	837	937
730	731	732	733	734	735	736		738	739
703	713	723		743	753	763	773	783	793
073	173	273		473	573	673		873	973

（2）37 的组选组合，一共是 10 注组选

370　371　372　373　374　375　376　377　378　379

（3）简要分析

37 组合是全奇的一大一小组合。和值从 10 点到 19 点。

29. 38 组合

（1）38 的直选组合，一共是 54 注直选

380	381	382	383	384	385	386	387	388	389
308	318	328	338	348	358	368	378		398
038	138	238		438	538	638	738	838	938
830	831	832	833	834	835	836	837		839
803	813	823		843	853	863	873	883	893
083	183	283		483	583	683	783		983

（2）38 的组选组合，一共是 10 注组选

380　381　382　383　384　385　386　387　388　389

（3）简要分析

38 组合是一大一小、一奇一偶的组合。和值从 11 点到 20 点。

30. 39 组合

（1）39 的直选组合，一共是 54 注直选

390	391	392	393	394	395	396	397	398	399
309	319	329	339	349	359	369	379	389	
039	139	239		439	539	639	739	839	939
930	931	932	933	934	935	936	937	938	
903	913	923		943	953	963	973	983	993
093	193	293		493	593	693	793	893	

（2）39 的组选组合，一共是 10 注组选

390　391　392　393　394　395　396　397　398　399

（3）简要分析

39 组合是全奇的一大一小组合。和值从 12 点到 21 点。

31. 45 组合

（1）45 的直选组合，一共是 54 注直选

450	451	452	453	454	455	456	457	458	459
405	415	425	435	445		465	475	485	495
045	145	245	345		545	645	745	845	945
540	541	542	543	544		546	547	548	549
504	514	524	534		554	564	574	584	594
054	154	254	354			654	754	854	954

（2）45 的组选组合，一共是 10 注组选

450　451　452　453　454　455　456　457　458　459

（3）简要分析

45 组合是一大一小、一奇一偶组合。和值从 9 点到 18 点。

32. 46 组合

（1）46 的直选组合，一共是 54 注直选

460	461	462	463	464	465	466	467	468	469
406	416	426	436	446	456		476	486	496
046	146	246	346		546	646	746	846	946
640	641	642	643	644	645		647	648	649
604	614	624	634		654	664	674	684	694
064	164	264	364		564		764	864	964

（2）46 的组选组合，一共是 10 注组选

460　461　462　463　464　465　466　467　468　469

（3）简要分析

46 组合是全偶的一大一小组合。和值从 10 点到 19 点。

33. 47 组合

（1）47 的直选组合，一共是 54 注直选

470	471	472	473	474	475	476	477	478	479
407	417	427	437	447	457	467		487	497
047	147	247	347		547	647	747	847	947
740	741	742	743	744	745	746		748	749
704	714	724	734		754	764	774	784	794
074	174	274	374		574	674		874	974

（2）47 的组选组合，一共是 10 注组选

470　471　472　473　474　475　476　477　478　479

（3）简要分析

47 组合是一大一小、一奇一偶组合。和值从 11 点到 20 点。

34. 48 组合

（1）48 的直选组合，一共是 54 注直选

480	481	482	483	484	485	486	487	488	489
408	418	428	438	448	458	468	478		498
048	148	248	348		548	648	748	848	948
840	841	842	843	844	845	846	847		849
804	814	824	834		854	864	874	884	894
084	184	284	384		584	684	784		984

（2）48 的组选组合，一共是 10 注组选

480　481　482　483　484　485　486　487　488　489

（3）简要分析

48 组合是全偶的一大一小组合。和值从 12 点到 21 点。

35. 49 组合

（1）49 的直选组合，一共是 54 注直选

490	491	492	493	494	495	496	497	498	499
409	419	429	439	449	459	469	479	498	
049	149	249	349		549	649	749	849	949
940	941	942	943	944	945	946	947	948	
904	914	924	934		954	964	974	984	994
094	194	294	394		594	694	794	894	

（2）49 的组选组合，一共是 10 注组选

490　491　492　493　494　495　496　497　498　499

（3）简要分析

49 组合是一大一小、一奇一偶组合。和值从 13 点到 22 点。

36. 56 组合

（1）56 的直选组合，一共是 54 注直选

560	561	562	563	564	565	566	567	568	569
506	516	526	536	546	556		576	586	596
056	156	256	356	456		656	756	856	956
650	651	652	653	654	655		657	658	659
605	615	625	635	645		665	675	685	695
065	165	265	365	465			765	865	965

（2）56 的组选组合，一共是 10 注组选

560　561　562　563　564　565　566　567　568　569

（3）简要分析

56 组合是第一对大数的两码组合，同时也是一奇一偶组合。和值从 11 点到 20 点。

37. 57 组合

（1）57 的直选组合，一共是 54 注直选

570	571	572	573	574	575	576	577	578	579
507	517	527	537	547	557	567		587	597
057	157	257	357	457		657	757	857	957
750	751	752	753	754	755	756		758	759
705	715	725	735	745		765	775	785	795
075	175	275	375	475		675		875	975

（2）57 的组选组合，一共是 10 注组选

570　571　572　573　574　575　576　577　578　579

（3）简要分析

57 组合是全奇、全大的组合。和值从 12 点到 21 点。

38. 58 组合

（1）58 的直选组合，一共是 54 注直选

580	581	582	583	584	585	586	587	588	589
508	518	528	538	548	558	568	578		598
058	158	258	358	458		658	758	858	958
850	851	852	853	854	855	856	857		859
805	815	825	835	845		865	875	885	895
085	185	285	385	485		685	785		985

（2）58 的组选组合，一共是 10 注组选

580　581　582　583　584　585　586　587　588　589

（3）简要分析

58 组合是全大的一奇一偶组合。和值从 13 点到 22 点。

39. 59 组合

（1）59 的直选组合，一共是 54 注直选

590	591	592	593	594	595	596	597	598	599
509	519	529	539	549	559	569	579	589	
059	159	259	359	459		659	759	859	959
950	951	952	953	954	955	956	957	958	
905	915	925	935	945		965	975	985	995
095	195	295	395	495		695	795	895	

（2）59 的组选组合，一共是 10 注组选

590　591　592　593　594　595　596　597　598　599

（3）简要分析

59 组合是全大、全奇组合。和值从 14 点到 23 点。

40. 67 组合

（1）67 的直选组合，一共是 54 注直选

670	671	672	673	674	675	676	677	678	679
607	617	627	637	647	657	667		687	697
067	167	267	367	467	567		767	867	967
760	761	762	763	764	765	766		768	769
706	716	726	736	746	756		776	786	796
076	176	276	376	476	576			876	976

（2）67 的组选组合，一共是 10 注组选

670　671　672　673　674　675　676　677　678　679

（3）简要分析

67 组合是全大、一奇一偶组合。和值从 13 点到 22 点。

41. 68 组合

（1）68 的直选组合，一共是 54 注直选

680　681　682　683　684　685　686　687　688　689

608　618　628　638　648　658　668　678　　　698

068　168　268　368　468　568　　　768　868　968

860　861　862　863　864　865　866　867　　　869

806　816　826　836　846　856　　　876　886　896

086　186　286　386　486　586　　　786　　　986

（2）68 的组选组合，一共是 10 注组选

680　681　682　683　684　685　686　687　688　689

（3）简要分析

68 组合是全偶、全大的组合。和值从 14 点到 23 点。

42. 69 组合

（1）69 的直选组合，一共是 54 注直选

690　691　692　693　694　695　696　697　698　699

609　619　629　639　649　659　669　679　689

069　169　269　369　469　569　　　769　869　969

960　961　962　963　964　965　966　967　968

906　916　926　936　946　956　　　976　986　996

096　196　296　396　496　596　　　796　896

（2）69 的组选组合，一共是 10 注组选

690　691　692　693　694　695　696　697　698　699

（3）简要分析

69 组合是全大、一奇一偶组合。和值从 15 点到 24 点。

43. 78 组合

（1）78 的直选组合，一共是 54 注直选

780	781	782	783	784	785	786	787	788	789
708	718	728	738	748	758	768	778		798
078	178	278	378	478	578	678		878	978
870	871	872	873	874	875	876	877		879
807	817	827	837	847	857	867		887	897
087	187	287	387	487	587	687			987

（2）78 的组选组合，一共是 10 注组选

780　781　782　783　784　785　786　787　788　789

（3）简要分析

78 组合是全大、一奇一偶组合。和值从 15 点到 24 点。

44. 79 组合

（1）79 的直选组合，一共是 54 注直选

790	791	792	793	794	795	796	797	798	799
709	719	729	739	749	759	769	779	789	
079	179	279	379	479	579	679		879	979
970	971	972	973	974	975	976	977	978	
907	917	927	937	947	957	967		987	997
097	197	297	397	497	597	697		897	

（2）79 的组选组合，一共是 10 注组选

790　791　792　793　794　795　796　797　798　799

（3）简要分析

79 组合是全奇、全大的组合。和值从 16 点到 25 点。

45. 89 组合

（1）89 的直选组合，一共是 54 注直选

890　891　892　893　894　895　896　897　898　899

809　819　829　839　849　859　869　879　889

089　189　289　389　489　589　689　789　　　　989

980　981　982　983　984　985　986　987　988

908　918　928　938　948　958　968　978　　　　998

098　198　298　398　498　598　698　798

（2）89 的组选组合，一共是 10 注组选

890　891　892　893　894　895　896　897　898　899

（3）简要分析

89 组合是最大的一对组合，为一奇一偶。和值从 17 点到 26 点。

第四章　排列 3 中奖号码轨迹分析

利用彩票走势轨迹进行选号分析，是近几年兴起的一种玩彩方式，在实战中具有一定的意义。但是，我们在应用中要摒弃复杂，采用更加直观和简单的方法。

一、排列 3 的中数彩票走势轨迹分析

在排序号码的排列 3 走势图上，我们可以把号码分成小数（0、1、2），中数（3、4、5、6），大数（7、8、9）。从实际图表上可以看到，号码是围绕着中数为主体左右波动的。就是说，大多数的时候，中数至少有 1 个号码开出，而对于小数和大数会有阶段性的空当。这就有利于我们把握节奏，有针对性地选择号码。

下面是 2010 年排列 3 的图表，从图上我们可以看出：1033～1038 期连续 6 期小数位空当，而 1039～1042 期连续 4 期为大数空当，这种走势在其他选 3 玩法之中是极为少有的。

2010 年排列 3 图表

期数	号码	0	1	2	3	4	5	6	7	8	9	小数	中数	大数
1033	66813							⑥		8		0	2	1
1034	56940						5	6			9	0	2	1
1035	34963				3	4					9	0	2	1
1036	56849						5	6		8		0	2	1
1037	77887								⑦	8		0	0	3
1038	59605						5	6			9	0	2	1
1039	51163		①				5					2	1	0
1040	40167	0	1			4						2	1	0
1041	23674			2	3			6				1	2	0
1042	60108	0	1					6				2	1	0
1043	40809	0				4				8		1	1	1
1044	41563		1			4	5					1	2	0
1045	36827				3			6		8		0	2	1
1046	96181		1					6			9	1	1	1
1047	40096	◎				4						2	1	0

二、排列 3 的恒值号码彩票走势轨迹分析

所谓恒值号码就是指：若干组两个号码相加都固定等于一个恒定数值，该恒定数值就是恒值号码。在排列 3 彩票中共有 5 组相异的相加恒值号码，分别是 0、9，1、8，2、7，3、6，4、5，它们的两两相加都等于数字 9（我们把 09 定为第一小区域，18 为第二小区域，27 为第三小区域，36 为第四小区域，45 为第五小区域）。

下面我们看看 2010 年排列 3 的恒值号码走势情况。

第一，5 个小区域的密集分布和空当分布有一定的轨迹。

第二，号码与号码之间的联系是其他轨迹图上所看不到的，而在这里被清楚地显现出来了。例如，数字 1、8 的一定阶段的相关性，数字 4、6 的相关性，等等。

第三，每一个小区域一般来说只一个号码，少部分的时候有两个号码。所以，我们圈定号码时候的排他性就有了一定的根据。

2010 年恒值号码彩票走势图

期数	号码	0	9	1	8	2	7	3	6	4	5	一	二	三	四	五
1038	59605		9						6		5	1			1	1
1039	51163			①							5		2			1
1040	40167	0	1							4		1	1			1
1041	23674					2		3	6						1	2
1042	60108	0		1					6				1		1	
1043	40809	0			8					4		1				1
1044	41563			1						4	5	1				2
1045	36827				8			3	6				1		2	
1046	96181		9	1					6						1	
1047	40096	◎								4			2			1
1048	12196			①		2							2	1		
1049	25944		9			2					5	1		1		1

三、排列 3 的连号轨迹分析

在排列 3 之中，连号是常常出现的号码组合现象。而把握住了连号的走势无疑对于锁定号码、降低投注成本具有重要意义。下面我们来看看

2010年排序号码的连号分布图。我们只要列出图表就能非常清楚地看到一些特征。例如，我们首先看到了连号的连续性，第1025期开出了6、7的连号之后，第1026期开出了5、6的连号。第1034期开出5、6之后，第1035期、第1036期、第1037期、第1038期连续开出了连号。

同时，我们还看到了相邻连号、隔期重复等现象。例如，第1034期开出了5、6之后，下期开出了3、4的连号。第1040期开出了0、1之后，第1041期开出了数字2、3的相邻连号。

期数	中奖号码	0	1	2	3	4	5	6	7	8	9
1025	746							6	7		
1026	685						5	6			
1027	500										
1028	894									8	9
1029	550										
1030	802										
1031	015	0	1								
1032	093										
1033	668										
1034	569						5	6			
1035	349				3	4					
1036	568						5	6			
1037	778								7	8	
1038	596						5	6			
1039	511										
1040	401	0	1								
1041	236			2	3						
1042	601	0	1								

期数	中奖号码	0	1	2	3	4	5	6	7	8	9
1043	408										
1044	415					4	5				
1045	368										

四、排列3的幸运间隔号码轨迹分析

排列3的幸运间隔号码是以固定的间隔分割0~9这10个号码的。由于0~9可以多次分割的指标太少，所以，幸运间隔也就成为有价值的分析号码轨迹的图表。

大家从2010年的图表上可以看到数字0与数字5的相关关系。这种轨迹走势是其他奇、偶、012路等图表轨迹分析所很难看出来的。例如，第1060期和第1061期、第1066期和第1067期、第1071期和第1072期、第1078期和第1079期均明确地凸显出这种特征。

2010年排列3的幸运间隔号码图

期数	号码	1	7	2	8	3	9	4	0	5	6
1058	411	①						4			
1059	627		7	2							6
1060	570		7						0	5	
1061	609						9		0		6
1062	146	1						4			6
1063	844				8			④			
1064	268			2	8						6

期数	号码	1	7	2	8	3	9	4	0	5	6
1065	208			2	8				0		
1066	360					3			0		6
1067	588				⑧					5	
1068	597		7				9			5	
1069	851	1			8					5	
1070	669						9				⑥
1071	578		7		8					5	
1072	970		7				9		0		
1073	555									(5)	
1074	349					3	9	4			
1075	854				8			4		5	
1076	271	1	7	2							
1077	992			2			⑨				
1078	049						9	4	0		
1079	957		7				9			5	

五、排列 3 的一码定组选 3 的轨迹

一般来说,在实战中定两码组合的费效比较高。但是,如果是定一码能判断出组选 3 的话,其组合的投入—产出比也是比较好的选择。例如,投入 32 元,如果中奖得 320 元。而组选 6 则是投入 72 元,如果中奖得 160 元。相比较来看,定一码的组选 3 组合最合适。下面我们列出定一码的组选 3 的组合号码,供大家参考。

1. 定一码为 0 的组选 3 组合（18 注）

（1）一般组合

001　002　003　004　005　006　007　008　009

011　022　033　044　055　066　077　088　099

（2）按照和值组合

和值	全奇组合	全偶组合	一奇二偶	二奇一偶
1 点			001	
2 点		002		011
3 点			003	
4 点		004　022		
5 点			005	
6 点		006		033
7 点			007	
8 点		008　044		
9 点			009	
10 点				055
11 点				
12 点		066		
13 点				
14 点				077
15 点				
16 点		088		
17 点				
18 点				099

2. 定一码为 1 的组选 3 组合（18 注）

（1）一般组合

001　011　112　113　114　115　116　117　118

119　122　133　144　155　166　177　188　199

（2）按照和值组合

和值	全奇组合	全偶组合	一奇二偶	二奇一偶
1 点			001	
2 点				011
3 点				
4 点				112
5 点			122	113
6 点				114
7 点	115　133			
8 点				116
9 点	117		144	
10 点				118
11 点	119　155			
12 点				
13 点			166	
14 点				
15 点	177			
16 点				
17 点			188	
18 点				
19 点	199			

3. 定一码为 2 的组选 3 组合（18 注）

（1）一般组合

002　022　112　122　223　224　225　226　227

228　229　233　244　255　266　277　288　299

（2）按照和值组合

和值	全奇组合	全偶组合	一奇二偶	二奇一偶
2 点		002		
3 点				
4 点		022		112
5 点			122	
6 点				
7 点			223	
8 点		224		233
9 点			225	
10 点		226　244		
11 点			227	
12 点		228		255
13 点			229	
14 点		266		
15 点				
16 点				277
17 点				
18 点		288		
19 点				
20 点				299

4. 定一码为3的组选3组合（18注）

（1）一般组合

003　033　113　133　223　233　334　335　336

337　338　339　344　355　366　377　388　399

（2）按照和值组合

和值	全奇组合	全偶组合	一奇二偶	二奇一偶
3 点			003	
4 点				
5 点	113			
6 点				033
7 点	133		223	
8 点				233
9 点				
10 点				334
11 点	335		344	
12 点				336
13 点	337　355			
14 点				338
15 点	339		366	
16 点				
17 点	377			
18 点				
19 点			388	
20 点				
21 点	399			

5. 定一码为 4 的组选 3 组合（18 注）

（1）一般组合

004　044　114　144　224　244　334　344　445

446　447　448　449　455　466　477　488　499

（2）按照和值组合

和值	全奇组合	全偶组合	一奇二偶	二奇一偶
4 点		004		
5 点				
6 点				114
7 点				
8 点		044　224		
9 点			144	
10 点		244		334
11 点			344	
12 点				
13 点			445	
14 点		446		455
15 点			447	
16 点		466　448		
17 点			449	
18 点				
19 点				477
20 点		488		
21 点				
22 点				499

6. 定一码为 5 的组选 3 组合（18 注）

（1）一般组合

005	055	115	155	225	255	335	355	445
455	556	557	558	559	566	577	588	599

（2）按照和值组合

和值	全奇组合	全偶组合	一奇二偶	二奇一偶
5 点			005	
6 点				
7 点	115			
8 点				
9 点			225	
10 点				055
11 点	155　335			
12 点				255
13 点	355		445	
14 点				455
15 点				
16 点				556
17 点	557		566	
18 点				558
19 点	559　577			
20 点				
21 点			588	
22 点				
23 点	599			

7. 定一码为 6 的组选 3 组合（18 注）

（1）一般组合

006　066　116　166　226　266　336　366　446

466　556　566　667　668　669　677　688　699

（2）按照和值组合

和值	全奇组合	全偶组合	一奇二偶	二奇一偶
6 点		006		
7 点				
8 点				116
9 点				
10 点		226		
11 点				
12 点		066		336
13 点			166	
14 点		266　446		
15 点			366	
16 点		466		556
17 点			566	
18 点				
19 点			667	
20 点		668		677
21 点			669	
22 点		688		
23 点				
24 点				699

8. 定一码为 7 的组选 3 组合（18 注）

（1）一般组合

007　077　117　177　227　277　337　377　447

477　557　577　667　677　778　779　788　799

（2）按照和值组合

和值	全奇组合	全偶组合	一奇二偶	二奇一偶
7 点			007	
8 点				
9 点	117			
10 点				
11 点			227	
12 点				
13 点	337			
14 点				077
15 点	177　557		447	
16 点				277
17 点	377			
18 点				477
19 点	577		667	
20 点				677
21 点				
22 点				778
23 点	779		788	
24 点				
25 点	799			

9. 定一码为 8 的组选 3 组合 (18 注)

（1）一般组合

008　088　118　188　228　288　338　388　448

488　558　588　668　688　778　788　889　899

（2）按照和值组合

和值	全奇组合	全偶组合	一奇二偶	二奇一偶
8 点		008		
9 点				
10 点				118
11 点				
12 点		228		
13 点				
14 点				338
15 点				
16 点		088　448		
17 点			188	
18 点		288		558
19 点			388	
20 点		488　668		
21 点			588	
22 点		688		778
23 点			788	
24 点				
25 点			889	
26 点				899

10. 定一码为 9 的组选 3 组合（18 注）

（1）一般组合

009　099　119　199　229　299　339　399　449

499　559　599　669　699　779　799　889　899

（2）按照和值组合

和值	全奇组合	全偶组合	一奇二偶	二奇一偶
9 点			009	
10 点				
11 点	119			
12 点				
13 点			229	
14 点				
15 点	339			
16 点				
17 点			449	
18 点				099
19 点	199　559			
20 点				299
21 点	399		669	
22 点				499
23 点	779　599			
24 点				699
25 点	799		889	
26 点				899

六、排列 3 的一码定组选 6 的轨迹

从实战来说,我们不提倡采用定一码买组选 6 的方法。因为组选 6 是投入 72 元,如果中奖得 160 元,两期不中就已经到了亏损的边缘了。但是,考虑到如下原因:

第一,有的彩民就是定一个号码准,定两个号码以上的就差得远,所以,也需要进行定一码组选 6 投注。

第二,有的技术型彩民通过一码定组选 6 之后再进行二次筛选,这样也能降低成本,取得比较好的收益。所以,我们下面列出定一码组选 6 的组合,供彩民朋友分析参考。

1. 定一码为 0 的组选 6 组合 (36 注)

(1) 一般组合

012　013　014　015　016　017　018　019　023　024　025　026
027　028　029　034　035　036　037　038　039　045　046　047
048　049　056　057　058　059　067　068　069　078　079　089

(2) 按照和值和奇偶组合

和值	全奇组合	全偶组合	一奇二偶	二奇一偶
3 点		012		
4 点				013
5 点			014　023	
6 点		024		015
7 点			016　025　034	
8 点		026		017　035

和值	全奇组合	全偶组合	一奇二偶	二奇一偶
9点			018　027　036　045	
10点		028　046		019　037
11点			029　038　047　056	
12点		048		039　057
13点			049　058　067	
14点		068		059
15点			069　078	
16点				079
17点			089	

（3）按照和值和大小组合

和值	全大组合	全小组合	一大二小	二大一小
3点		012		
4点		013		
5点		014　023		
6点		024	015	
7点		034	016　025	
8点			017　026　035	
9点			018　027　036　045	
10点			019　028　037　046	
11点			029　038　047	056
12点			039　048	057
13点			049	058　067
14点				059　068

和值	全大组合	全小组合	一大二小	二大一小
15 点				078　069
16 点				079
17 点				089

2. 定一码为 1 的组选 6 组合（36 注）

（1）一般组合

102　103　104　105　106　107　108　109　123　124　125　126

127　128　129　134　135　136　137　138　139　145　146　147

148　149　156　157　158　159　167　168　169　178　179　189

（2）按照和值和奇偶组合

和值	全奇组合	全偶组合	一奇二偶	二奇一偶
3 点			102	
4 点			103	
5 点			104	
6 点			105	123
7 点			106　124	
8 点			107	125　134
9 点	135		108　126	
10 点			109	127　136　145
11 点	137			128　146
12 点				129　138　147　156
13 点	139　157			148
14 点				167　149　158

续表

和值	全奇组合	全偶组合	一奇二偶	二奇一偶
15 点	159		168	
16 点				169　178
17 点	179			
18 点				189

（3）按照和值和大小组合

和值	全大组合	全小组合	一大二小	二大一小
3 点		102		
4 点		103		
5 点		104		
6 点		123	105	
7 点		124	106	
8 点		134	107　125	
9 点			108　126　135	
10 点			109　127　136　145	
11 点			128　137　146	
12 点			129　138　147	156
13 点			139　148	157
14 点			149	158　167
15 点				159　168
16 点				178　169
17 点				179
18 点				189

3. 定一码为 2 的组选 6 组合（36 注）

（1）一般组合

201　203　204　205　206　207　208　209　213　214　215　216

217　218　219　234　235　236　237　238　239　245　246　247

248　249　256　257　258　259　267　268　269　278　279　289

（2）按照和值和奇偶组合

和值	全奇组合	全偶组合	一奇二偶			二奇一偶
3 点			201			
4 点						
5 点			203			
6 点		204				213
7 点			205	214		
8 点		206				215
9 点			207	216	234	
10 点		208				217　235
11 点			218	236	245	
12 点		246				219　237
13 点				238　247	256	
14 点		248				239　257
15 点			267		249　258	
16 点		268				259
17 点			278			
18 点						279
19 点			289			

（3）按照和值和大小组合

和值	全大组合	全小组合	一大二小	二大一小
3 点		201		
4 点				
5 点		203		
6 点		204　213		
7 点		214	205	
8 点			206　215	
9 点		234	207　216	
10 点			208　217　235	
11 点			209　218　236　245	
12 点			219　237　246	
13 点			238　247	256
14 点			239　248	257
15 点			249	258　267
16 点				259　268
17 点				269　278
18 点				279
19 点				289

4. 定一码为 3 的组选 6 组合（36 注）

（1）一般组合

301　302　304　305　306　307　308　309　312　314　315　316

317　318　319　324　325　326　327　328　329　345　346　347

348　349　356　357　358　359　367　368　369　378　379　389

（2）按照和值和奇偶组合

和值	全奇组合	全偶组合	一奇二偶	二奇一偶
4 点				301
5 点			302	
6 点				303 312
7 点			304	
8 点	315			305 314
9 点			306 324	
10 点				307 316 325
11 点	317		308 326	
12 点				309 318 327 345
13 点	319		328 346	
14 点				356 329 347
15 点	357		348	
16 点				358 367 349
17 点	359		368	
18 点				378 369
19 点	379			
20 点				389

（3）按照和值和大小组合

和值	全大组合	全小组合	一大二小	二大一小
4 点		301		
5 点		302		
6 点		312		
7 点		304		

续表

和值	全大组合	全小组合	一大二小				二大一小	
8 点		314	305					
9 点		324	306	315				
10 点			307	316	325			
11 点			308	317	326			
12 点			309	318	327	345		
13 点			319	328	346			
14 点			329	347			356	
15 点			348				357	
16 点			349				358	367
17 点							359	368
18 点							369	378
19 点							379	
20 点							389	

5. 定一码为 4 的组选 6 组合 (36 注)

(1) 一般组合

401　402　403　405　406　407　408　409　412　413　415　416

417　418　419　423　425　426　427　428　429　435　436　437

438　439　456　457　458　459　467　468　469　478　479　489

(2) 按照和值和奇偶组合

和值	全奇组合	全偶组合	一奇二偶	二奇一偶
5 点		401		
6 点		402		

续表

和值	全奇组合	全偶组合	一奇二偶	二奇一偶
7 点			403　412	
8 点				413
9 点			405　423	
10 点		406		415
11 点			407　416　425	
12 点		408　426		417　435
13 点			409　418　427　436	
14 点		428		419　437
15 点			456　　429　438	
16 点				439　457
17 点			458　467	
18 点		468		459
19 点			469　478	
20 点				479
21 点			489	

（3）按照和值和大小组合

和值	全大组合	全小组合	一大二小	二大一小
5 点		401		
6 点		402		
7 点		403　412		
8 点		413	405	
9 点		423	406	
10 点			407　415	
11 点			408　416　425	

续表

和值	全大组合	全小组合	一大二小		二大一小	
12点			409	417 426		
13点			418	427 435		
14点			419	428 436		
15点			429	437	456	
16点			438		457	
17点			439		458	467
18点					459	468
19点					469	478
20点					479	
21点					489	

6. 定一码为5的组选6组合（36注）

（1）一般组合

501 502 503 504 506 507 508 509 512 513 514 516

517 518 519 523 524 526 527 528 529 534 536 537

538 539 546 547 548 549 567 568 569 578 579 589

（2）按照和值和奇偶组合

和值	全奇组合	全偶组合	一奇二偶	二奇一偶
6点				501
7点		502		
8点				503 512
9点	513	504		
10点				514 523

和值	全奇组合	全偶组合	一奇二偶	二奇一偶
11点			506 524	
12点				507 516 534
13点	517		508 526	
14点				509 518 527 536
15点	519 537		546 528	
16点				547 529 538
17点	539		548	
18点				567 549
19点			568	
20点				569 578
21点	579			
22点				589

(3) 按照和值和大小组合

和值	全大组合	全小组合	一大二小	二大一小
6点			501	
7点			502	
8点			503 512	
9点			504 513	
10点			514 523	
11点			524	506
12点				507 516
13点			534	508 517 526
14点				509 518 527 536
15点				519 528 537 546

续表

和值	全大组合	全小组合	一大二小	二大一小
16 点				529 538 547
17 点				539 548
18 点	567			549
19 点	568			
20 点	569 578			
21 点		579		
22 点		589		

7. 定一码为 6 的组选 6 组合（36 注）

（1）一般组合

601　602　603　604　605　607　608　609　612　613　614　615

617　618　619　623　624　625　627　628　629　634　635　637

638　639　645　647　648　649　657　658　659　678　679　689

（2）按照和值和奇偶组合

和值	全奇组合	全偶组合	一奇二偶	二奇一偶
7 点			601	
8 点		602		
9 点			603 612	
10 点		604		613
11 点			605 614 623	
12 点		624		615
13 点			607　　625 634	

· 续表

和值	全奇组合	全偶组合	一奇二偶	二奇一偶
14 点		608		617　635
15 点			609　618　627　645	
16 点		628		619　637
17 点			647　　629　638	
18 点		648		639　657
19 点			649　658	
20 点				659
21 点			678	
22 点				679
23 点			689	

（3）按照和值和大小组合

和值	全大组合	全小组合	一大二小	二大一小
7 点			601	
8 点			602	
9 点			603　612	
10 点			604　613	
11 点			614　623	605
12 点			624	615
13 点			634	607　625
14 点				608　617　　635
15 点				609　618　627　　645
16 点				619　628　637
17 点				629　638　647

续表

和值	全大组合	全小组合	一大二小	二大一小	
18 点	657			639	648
19 点	658				649
20 点	659				
21 点	678				
22 点	679				
23 点	689				

8. 定一码为 7 的组选 6 组合（36 注）

（1）一般组合

701 702 703 704 705 706 708 709 712 713 714 715

716 718 719 723 724 725 726 728 729 734 735 736

738 739 745 746 748 749 756 758 759 768 769 789

（2）按照和值和奇偶组合

和值	全奇组合	全偶组合	一奇二偶	二奇一偶	
8 点				701	
9 点		702			
10 点				703	712
11 点	713		704		
12 点				705 714	723
13 点	715		706 724		
14 点				716 725	734
15 点	735		708 726		
16 点				709 718	736 745

续表

和值	全奇组合	全偶组合	一奇二偶	二奇一偶	
17 点	719		746　728		
18 点				756	729　738
19 点	739		748		
20 点				758	749
21 点	759		768		
22 点					769
23 点					
24 点					789

（3）按照和值和大小组合

和值	全大组合	全小组合	一大二小		二大一小		
8 点		701					
9 点		702					
10 点		703　712					
11 点		704　713					
12 点			714　723	705			
13 点				724	706　715		
14 点			734		716　725		
15 点					708	726　735	
16 点					709　718	736　745	
17 点					719　728	746	
18 点	756				729　738		
19 点					739　748		
20 点	758				749		
21 点	759　768						

续表

和值	全大组合	全小组合	一大二小	二大一小
22 点	769			
23 点				
24 点	789			

9. 定一码为 8 的组选 6 组合（36 注）

（1）一般组合

801　802　803　804　805　806　807　809　812　813　814　815

816　817　819　823　824　825　826　827　829　834　835　836

837　839　845　846　847　849　856　857　859　867　869　879

（2）按照和值和奇偶组合

和值	全奇组合	全偶组合	一奇二偶			二奇一偶
9 点			801			
10 点		802				
11 点			803	812		
12 点		804				813
13 点			805	814	823	
14 点		806　824				815
15 点			807	816	825	834	
16 点		826				817　835
17 点			809	827	836	845	
18 点		846				819　837
19 点			856	829	847	
20 点						839　857

续表

和值	全奇组合	全偶组合	一奇二偶		二奇一偶
21 点			867	849	859
22 点					
23 点			869		
24 点			879		

（3）按照和值和大小组合

和值	全大组合	全小组合	一大二小		二大一小			
9 点			801					
10 点			802					
11 点			803	812				
12 点			804	813				
13 点			814	823	805			
14 点			824		806	815		
15 点			834		807	816	825	
16 点					817	826	835	
17 点					809	827	836	845
18 点					819		837	846
19 点	856					829		847
20 点	857						839	
21 点		867						849
22 点	859							
23 点		869						
24 点	879							

10. 定一码为 9 的组选 6 组合（36 注）

（1）一般组合

901　902　903　904　905　906　907　908　912　913　914　915

916　917　918　923　924　925　926　927　928　934　935　936

937　938　945　946　947　948　956　957　958　967　968　978

（2）按照和值和奇偶组合

和值	全奇组合	全偶组合	一奇二偶	二奇一偶
10 点				901
11 点			902	
12 点				903　912
13 点	913		904	
14 点				905　914　923
15 点	915		906　924	
16 点				907　916　925　934
17 点	917　935		908　926	
18 点				918　927　936　945
19 点		937	928　946	
20 点				956　　　938　947
21 点		957	948	
22 点				958　967
23 点			968	
24 点				978

（3）按照和值和大小组合

和值	全大组合	全小组合	一大二小	二大一小
10 点			901	
11 点			902	
12 点			903　912	
13 点			904　913	
14 点			914　923	905
15 点			924	906　915
16 点			934	907　916　925
17 点				908　917　926　935
18 点				918　927　936　945
19 点				928　937　946
20 点	956			938　947
21 点	957			948
22 点	958　967			
23 点		968		
24 点		978		

七、排列 3 胆码轨迹的走势特征

对于排列 3 来说，由于是取排列 5 的前三位，所以，对比其他选 3 玩法来说追踪胆码具有一定的天然优势。

（一）排列 3 排序后的分布图上，竖三连现象较多

当竖二连形成之后，竖三连所指向的号码可出的可能性较大。这在排列 3 排序后的走势图上尤其明显。例如，2010 年第 1055 期到第 1057 期的数字 3、第 1056 期到第 1058 期的数字 4、第 1063 期到第 1065 期的数字 8、第 1067 期到第 1069 期的数字 5 等均是如此。这样一来就为我们确定胆码提供了较大的可能。

2010 年排列 3 的号码排序图

期数	号码	0	1	2	3	4	5	6	7	8	9
1054	79664							6	7		9
1055	23004	0		2	3						
1056	53476				3	4	5				
1057	37443				3	4			7		
1058	41185		①			4					
1059	62714			2				6	7		
1060	57089	0					5		7		
1061	60995	0						6			9
1062	14665		1			4		6			
1063	84470					④				8	
1064	26809			2				6		8	
1065	20808	0		2						8	
1066	36042	0			3			6			
1067	58893						5			⑧	
1068	59797						5		7		9

续表

期数	号码	0	1	2	3	4	5	6	7	8	9
1069	85100		1				5			8	
1070	66938							⑥			9
1071	57825						5		7	8	
1072	97074	0							7		9
1073	55501						(5)				
1074	34900				3	4					9
1075	85409					4	5			8	
1076	27154		1	2					7		
1077	99253			2							⑨
1078	04982	0				4					9
1079	95781						5		7		9

（二）在排列 5 排序后的分布图上，可以通过密集分布确定排列 3 的胆码走势

我们通过考察排列 5 的密集分布区域及其延续性，比较容易判断排列 3 的号码走势。例如，我们看到第 1055 期和第 1056 期数字 4 的密集出号，就可以继续追踪，结果第 1057 期、第 1058 期排列 3 均有数字 4 开出。

同样，我们在排列 5 的图表上发现出现在排列 5 后部的号码走热，那么，要注意其在排列 3 中出现，例如，第 1063 期到第 1065 期，数字 0 连续出现，结果在第 1066 期排列 3 也开出了数字 0。这种类似的情况还有很多。

2010 年排列 3 的排序号码图

期数	号码	0	1	2	3	4	5	6	7	8	9
1055	23004	◎		2	3	4					
1056	53476				3	4	5	6	7		
1057	37443				③	④			7		
1058	41185		①			4	5			8	
1059	62714		1	2		4		6	7		
1060	57089	0					5		7	8	9
1061	60995	0					5	6			⑨
1062	14665		1			4	5	⑥			
1063	84470	0				④			7	8	
1064	26809	0		2				6		8	9
1065	20808	◎		2						⑧	
1066	36042	0		2	3	4		6			
1067	58893				3		5			⑧	9
1068	59797						5		⑦		⑨
1069	85100	◎	1				5			8	
1070	66938				3			⑥		8	9
1071	57825			2			⑤		7	8	
1072	97074	0				4			⑦		9
1073	55501	0	1				(5)				
1074	34900	◎			3	4					9
1075	85409	0				4	5			8	9
1076	27154		1	2		4	5		7		
1077	99253			2	3		5				⑨
1078	04982	0		2		4				8	9
1079	95781		1				5		7	8	9

（三）在排列 5 的单奇或者单偶图表上，斜三连指向的基本上是排列 3 的号码可能性较大

我们从排列 5 的奇数分布图上可以看到，第 1066 期和第 1067 期分别开出了数字 3 和 5，并指向了下期的数字 7，结果，第 1068 期的排列 3 开出了数字 7。

同样，第 1069 期和第 1070 期分别开出数字 1、3，并指向了下期数字 5 的斜三连，结果，第 1071 期排列 3 开出了数字 5。第 1073 期到第 1075 期的走势也说明了这点。

图表中不缺乏各种明显的走势，缺乏的是我们独到的眼光。排列 5 的偶数分布图上也常有类似的走势。我们就不一一列举了。

2010 年排列 5 的奇数分布图

期数	号码	0	1	2	3	4	5	6	7	8	9
1066	36042				3						
1067	58893				3		5				9
1068	59797						5		⑦		⑨
1069	85100		1				5				
1070	66938				3						9
1071	57825						⑤		7		
1072	97074								⑦		9
1073	55501		1				(5)				
1074	34900				3						9
1075	85409						5				9
1076	27154		1				5		7		
1077	99253				3		5				⑨
1078	04982										9
1079	95781		1				5		7		9

第五章　如何拿到排列 5 的 10 万奖金

我们在前面探讨了排列 3 选号和中奖的方法，由于排列 3 是排列 5 的前三位号码，而且，选排列 3 的号码又利用排列 5 的各种图表，所以，有了前面大量的基础工作之后，彩民朋友就可以借助一些方法拿到排列 5 的 10 万元奖金了。事实上，彩民朋友买排列 5 也有可能获得百万元以上、甚至千万元大奖。例如，据媒体报道：2009 年第 09228 期湖北彩民 100 倍投命中 1000 万元巨奖，也成就了体彩排列 5 玩法的一个大奖传奇。

2009 年 8 月 31 日晚，中国体育彩票排列 5 第 2009236 期开奖爆出巨奖，安徽一彩民独揽 505 注头奖，总奖金高达 5050 万元，创造安徽体彩史上个人中奖最高金额，同时也创下了中国体育彩票排列 5 玩法的最高中奖奖金纪录。

一、定位包号法

定位包号法是指将认为判断位置和号码准确的数字固定，对于其他没有把握的位置和号码采取全包或者拒不包号的方式进行投注的方法。例如，我们经过分析和研究，判断 2010 年第 1038 期排列 5 的号码有可能前三位是 596，而对后两位的号码判断不清，所以，对后两位的号码（第四位和第五位）进行从 0 到 9 的分别全包。下面列出了需要投注的组合（下画线的号码是实际中奖号码）：

59600　59601　59602　59603　59604　<u>59605</u>　59606　56907

59608　59609　59610　59611　59612　59613　59614　59615

59616　56917　59618　59619　59620　59621　59622　59623

59624　59625　59626　56927　59628　59629　59630　59631

59632　59633　59634　59635　59636　56937　59638　59639

59640　59641　59642　59643　59644　59645　59646　56947

59648　59649　59650　59651　59652　59653　59654　59655

59656　56957　59658　59659　59660　59661　59662　59663

59664　59665　59666　56967　59668　59669　59670　59671

59672　59673　59674　59675　59676　56977　59678　59679

59680　59681　59682　59683　59684　59685　59686　56987

59688　59689　59690　59691　59692　59693　59694　59695

59696　56997　59698　59699

以上一共组合了 100 注，结果第一组组合就猜对了中奖号码的组合。当然了，如果你能进一步判断后两位奇偶或者大小，以及 012 路，甚至能更精确定位号码，你需要投注的号码组合能更少。例如，我们前面三位已经定位了 596，而通过分析判断发现第四位号码可能在 0 路号码（0、3、6、9）中，而第五位号码可能是 2 路号码（2、5、8）中。则组合一共为 12 注号码组合，具体为：

59602　<u>59605</u>　59608　59632　59635　59638　59662　56965

59668　59692　59695　59698

对于定位包号法，最关键的是前三位的号码，因为后两位可以通过全包来解决，虽然花费了 200 元投入，但是比较牢靠。当然了，如果你对后两位的猜号码有心得或者是有灵感号码、幸运号码，则可以降低投入成本。

二、排序号码公式法

排序号码公式法是一种实战性很强的方法。一般来说，判断号码组合个数间隔十几期就会有一次正确的机会。但是，是否投注就看你的判断、资金和选择了。

（一）选 4 个排序号码（组成 4 位号码组合）＋第五位组合法

相比较定位包号法来说，排序号码公式法虽然花费稍微大了一些，但是对于选号难度会低了很多。尤其是不在要求前三位精准定位和猜号，而只要在前四位选出可能出现的号码，然后代入相应的公式，再对第五位进行全包或者利用方法局部覆盖即可。

例如，我们通过分析研究，判断 2010 年第 038 期的前四位号码是 0、5、6、9，但是无法判断出其位置，而判定最后一位是奇数。则组合公式为（具体可带入号码，A 是 0、B 是 5、C 是 6、D 是 9）：

① ABCD 0569

② ABDC 0596

③ ACBD 0659

④ ACDB 0695

⑤ ADBC 0956

⑥ ADCB 0965

⑦ BACD 5069

⑧ BADC 5096

⑨ BCAD　5609

⑩ BCDA　5690

⑪ BDAC　5906

⑫ BDCA　5960

⑬ CABD　6059

⑭ CADB　6095

⑮ CBAD　6509

⑯ CBDA　6590

⑰ CDAB　6905

⑱ CDBA　6950

⑲ DABC　9056

⑳ DACB　9065

㉑ DBAC　9506

㉒ DBCA　9560

㉓ DCAB　9605

㉔ DCBA　9650

然后，再进一步进行最后一位的组合：

① 0569＋1、3、5、7、9　　05691　05693　05695　05697　05699

② 0596＋1、3、5、7、9　　05961　05963　05965　05967　05969

③ 0659＋1、3、5、7、9　　06591　06593　06595　06597　06599

④ 0695＋1、3、5、7、9　　06951　06953　06955　06957　06959

⑤ 0956＋1、3、5、7、9　　09561　09563　09565　09567　09569

⑥ 0965＋1、3、5、7、9　　09651　09653　09655　09657　09659

⑦ 5069＋1、3、5、7、9　　50691　50693　50695　50697　50699

⑧ 5096＋1、3、5、7、9　　50961　50963　50965　50967　50969

⑨ 5609＋1、3、5、7、9　　56091　56093　56095　56097　56099

⑩ 5690＋1、3、5、7、9　　56901　56903　56905　56907　56909

⑪ 5906＋1、3、5、7、9　59061　59063　59065　59067　59069

⑫ 5960＋1、3、5、7、9　59601　59603　<u>59605</u>　59607　59609

⑬ 6059＋1、3、5、7、9　60591　60593　60595　60597　60599

⑭ 6095＋1、3、5、7、9　60951　60953　60955　60957　60959

⑮ 6509＋1、3、5、7、9　65091　65093　65095　65097　65099

⑯ 6590＋1、3、5、7、9　65901　65903　65905　65907　65909

⑰ 6905＋1、3、5、7、9　69051　69053　69055　69057　69059

⑱ 6950＋1、3、5、7、9　69501　69503　69505　69507　69509

⑲ 9056＋1、3、5、7、9　90561　90563　90565　90567　90569

⑳ 9065＋1、3、5、7、9　90651　90653　90655　90657　90659

㉑ 9506＋1、3、5、7、9　95061　95063　95065　95067　95069

㉒ 9560＋1、3、5、7、9　95601　95603　95605　95607　95609

㉓ 9605＋1、3、5、7、9　96051　96053　96055　96057　96059

㉔ 9650＋1、3、5、7、9　96501　96503　96505　96507　96509

（二）选3个排序号码（组成4位号码组合）＋第五位组合法

选3个排序号码，就是在4个位置你判断有一组对子号码，但是，你只能判断出有3个号码，其他的都不知道或者说不确定，这时你就可以利用选3个排序号码的公式进行组合。

例如，你判断出2010年第1029期的号码前四位可能是由0、5、8这3个号码组成的，其中有一组对子号码，但是，不知道是哪个位置，其他的也不知道在何种位置。第五位很可能是数字6。那么，依照下面的公式可以替换。

公式为：

① AABC

② AACB

③ ABAC

④ ACAB

⑤ ABCA

⑥ ACBA

⑦ BCAA

⑧ CBAA

⑨ BACA

⑩ CABA

⑪ BBAC

⑫ BBCA

⑬ BABC

⑭ BCBA

⑮ BACB

⑯ BCAB

⑰ ACBB

⑱ CABB

⑲ ABCB

⑳ CBAB

㉑ CCAB

㉒ CCBA

㉓ CACB

㉔ CBCA

㉕ CABC

㉖ CBAC

㉗ ABCC

㉘ BACC

㉙ ACBC

㉚ BCAC

我们按照 A 等于 0，B 等于 5，C 等于 8，经过替换之后为：

0058　0085　0508　0805　0580　0850　5800　8500　5080　8050

5508　5580　5058　5850　5085　5805　0855　8055　0585　8505

8805　8850　8085　8580　8058　8508　0588　5088　0858　5808

然后，将以上的组合全部加上数字 6 则为：

00586　00856　05086　08056　05806　08506　58006　85006

50806　80506　55086　55806　50586　58506　50856　58056

08556　80556　05856　85056　88056　88506　80856　85806

80586　85086　05886　50886　08586　58086

（三）选 5 个排序号码的排列 5 组合（组成 5 个位置的号码组合）

实际上，对于排列 5 来说也可以实行 5 个号码位置的排序号码组合。这种方式，虽然投入有一些高，但是，一旦你判断对了排序号码和个数，那么，你中奖的概率会大幅度提高。

5 个号码组合的排列 5 的全组合是 120 注，也就是说如果你能判断出是 5 个号码组合而成，并且判断出是哪 5 个号码（不分位置），那么，通过下面的组合公式你就能稳中 10 万元奖金，而只花费 240 元。公式如下：

① A B C D E

② A B C E D

③ A B D C E

④ A B D E C

⑤ A B E C D

⑥ A B E D C

⑦ B A C D E

⑧ B A C E D

⑨ B A D C E

⑩ B A D E C

⑪ B A E C D

⑫ B A E D C

⑬ A C B D E

⑭ A C B E D

⑮ A C D E B

⑯ A C D B E

⑰ A C E B D

⑱ A C E D B

⑲ C A B D E

⑳ C A B E D

㉑ C A D E B

㉒ C A D B E

㉓ C A E B D

㉔ C A E D B

㉕ A D B C E

㉖ A D B E C

㉗ A D C B E

㉘ A D C E B

㉙ A D E B C

㉚ A D E C B

㉛ D A B C E

㉜ D A B E C

㉝ D A C B E

㉞DACEB

㉟DAEBC

㊱DAECB

㊲AEBCD

㊳AEBDC

㊴AECBD

㊵AECDB

㊶AEDBC

㊷AEDCB

㊸EABCD

㊹EABDC

㊺EACBD

㊻EACDB

㊼EADBC

㊽EADCB

㊾BCADE

㊿BCAED

(51)BCDAE

(52)BCDEA

(53)BCEAD

(54)BCEDA

(55)CBADE

(56)CBAED

(57)CBDAE

(58)CBDEA

(59)CBEAD

(60)CBEDA

(61) B D A C E

(62) B D A E C

(63) B D C A E

(64) B D C E A

(65) B D E A C

(66) B D E C A

(67) D B A C E

(68) D B A E C

(69) D B C A E

(70) D B C E A

(71) D B E A C

(72) D B E C A

(73) B E A C D

(74) B E A D C

(75) B E C A D

(76) B E C D A

(77) B E D A C

(78) B E D C A

(79) E B A C D

(80) E B A D C

(81) E B C A D

(82) E B C D A

(83) E B D A C

(84) E B D C A

(85) C D A B E

(86) C D A E B

(87) C D B A E

(88) C D B E A

(89) C D E A B

(90) C D E B A

(91) D C A B E

(92) D C A E B

(93) D C B A E

(94) D C B E A

(95) D C E A B

(96) D C E B A

(97) C E A B D

(98) C E A D B

(99) C E B A D

(100) C E B D A

(101) C E D A B

(102) C E D B A

(103) E C A B D

(104) E C A D B

(105) E C B A D

(106) E C B D A

(107) E C D A B

(108) E C D B A

(109) D E A B C

(110) D E A C B

(111) D E B A C

(112) D E B C A

(113) D E C A B

(114) D E C B A

⑪⑤ E D A B C

⑪⑥ E D A C B

⑪⑦ E D B A C

⑪⑧ E D B C A

⑪⑨ E D C A B

⑫⓪ E D C B A

例如，我们通过研究分析，判断 2010 年第 1031 期的号码可能为 01578（排序后），但是，不好确定这些号码的各自位置。我们通过代入公式，A 是 0、B 是 1、C 是 5、D 是 7、E 是 8，组合如下：

01578	01587	01758	01785	01857	01875
10578	10587	10758	10785	10857	10875
05178	05187	05781	05718	05817	05871
50178	50187	50781	50718	50817	50871
07158	07185	07518	07581	07815	07851
70158	70185	70518	70581	70815	70851
08157	08175	08517	08571	08715	08751
80157	80175	80517	80571	80715	80751
15078	15087	15708	15780	15807	15870
51078	51087	51708	51780	51807	51870
17058	17085	17508	17580	17805	17850
71058	71085	71508	71580	71805	71850
18057	18075	18507	18570	18705	18750
81057	81075	81507	81570	81705	81750
57018	57081	57108	57180	57801	57810
75018	75081	75108	75180	75801	75810
58017	58071	58107	58170	58701	58710
85017	85071	85107	85170	85701	85710

```
78015   78051   78105   78150   78501   78510
87015   87051   87105   87150   87501   87510
```

（四）选 4 个排序号码的排列 5 组合（组成 5 个位置的号码组合）

排列 5 开出 4 个号码的组合也是比较常见的组合，这种组合有一组对子号码，也就是说，其中有两个相同的号码。例如，2010 年第 039 期排列 3 的中奖号码是 51163，这组号码中 11 就是对子号码。在实战中大家可以按照下面的公式直接代入即可。

下面我们就列出选 4 个排序号码的排列 5 的组合公式（共 168 注）：

① A A B C D
② A A B D C
③ A A C B D
④ A A C D B
⑤ A A D B C
⑥ A A D C B
⑦ A B A C D
⑧ A B A D C
⑨ A C A B D

⑩ A C A D B
⑪ A D A B C
⑫ A D A C B
⑬ A B C A D
⑭ A B D A C
⑮ A C B A D

⑯ A C D A B

⑰ A D B A C

⑱ A D C A B

⑲ A B C D A

⑳ A B D C A

㉑ A C B D A

㉒ A C D B A

㉓ A D B C A

㉔ A D C B A

㉕ B A C D A

㉖ B A D C A

㉗ C A B D A

㉘ C A D B A

㉙ D A B C A

㉚ D A C B A

㉛ B C A D A

㉜ B D A C A

㉝ C B A D A

㉞ C D A B A

㉟ D B A C A

㊱ D C A B A

㊲ B C D A A

㊳ B D C A A

㊴ C B D A A

㊵ C D B A A

㊶ D B C A A

㊷ D C B A A

㊸ B B A C D

㊹ B B A D C

㊺ B B C A D

㊻ B B C D A

㊼ B B D A C

㊽ B B D C A

㊾ B A B C D

㊿ B A B D C

(51) B C B A D

(52) B C B D A

(53) B D B A C

(54) B D B C A

(55) B A C B D

(56) B A D B C

(57) B C A B D

(58) B C D B A

(59) B D A B C

(60) B D C B A

(61) B A C D B

(62) B A D C B

(63) B C A D B

(64) B C D A B

(65) B D A C B

(66) B D C A B

(67) A B C D B

(68) A B D C B

(69) C B A D B

(70) C B D A B

(71) D B A C B

(72) D B C A B

(73) A C B D B

(74) A D B C B

(75) C A B D B

(76) C D B A B

(77) D A B C B

(78) D C B A B

(79) A C D B B

(80) A D C B B

(81) C A D B B

(82) C D A B B

(83) D A C B B

(84) D C A B B

(85) C C A B D

(86) C C A D B

(87) C C B A D

(88) C C B D A

(89) C C D A B

⑨⓪ C C D B A

㉑ C A C B D
㉒ C A C D B
㉓ C B C A D
㉔ C B C D A
㉕ C D C A B
㉖ C D C B A
㉗ C A B C D
㉘ C A D C B
㉙ C B A C D

⑩⓪ C B D C A
⑩① C D A C B
⑩② C D B C A
⑩③ C A B D C
⑩④ C A D B C
⑩⑤ C B A D C
⑩⑥ C B D A C
⑩⑦ C D A B C
⑩⑧ C D B A C
⑩⑨ A C B D C

⑪⓪ A C D B C
⑪① B C A D C
⑪② B C D A C
⑪③ D C A B C

(114) D C B A C

(115) A B C D C

(116) A D C B C

(117) B A C D C

(118) B D C A C

(119) D A C B C

(120) D B C A C

(121) A B D C C

(122) A D B C C

(123) B A D C C

(124) B D A C C

(125) D A B C C

(126) D B A C C

(127) D D A B C

(128) D D A C B

(129) D D B A C

(130) D D B C A

(131) D D C A B

(132) D D C B A

(133) D A D B C

(134) D A D C B

(135) D B D A C

(136) D B D C A

(137) D C D A B

(138) D C D B A

⑬⑨ D A B D C

⑭⓪ D A C D B

⑭① D B A D C

⑭② D B C D A

⑭③ D C A D B

⑭④ D C B D A

⑭⑤ D A B C D

⑭⑥ D A C B D

⑭⑦ D B A C D

⑭⑧ D B C A D

⑭⑨ D C A B D

⑮⓪ D C B A D

⑮① A D B C D

⑮② A D C B D

⑮③ B D A C D

⑮④ B D C A D

⑮⑤ C D A B D

⑮⑥ C D B A D

⑮⑦ A B D C D

⑮⑧ A C D B D

⑮⑨ B A D C D

⑯⓪ B C D A D

⑯① C A D B D

⑯② C B D A D

⑯ A B C D D

⑯ A C B D D

⑯ B A C D D

⑯ B C A D D

⑯ C A B D D

⑯ C B A D D

（五）选 3 个排序号码的排列 5 组合（组成 5 个位置的号码组合）

选 3 个排序号码的排列 5 组合指一个号码是重复 3 次的号码。可以是豹子号码组合，也可能是间隔号码。例如，2010 年排列 5 第 10102 期的中奖号码是 88807 就是典型的由 3 个号码构成的组合。

但是，本公式不适合双对子号码组合，如 11557、22886 等类型。由于实战中极少出现，所以就不一一列举了。

下面我们列出公式：

① AAABC

② AAACB

③ AABAC

④ AACAB

⑤ AABCA

⑥ AACBA

⑦ ABACA

⑧ ACABA

⑨ ABCAA

⑩ ACBAA

⑪ BACAA

⑫ CABAA

⑬ BCAAA

⑭ CBAAA

⑮ BBBAC

⑯ BBBCA

⑰ BBABC

⑱ BBCBA

⑲ BBACB

⑳ BBCAB

㉑ BABCB

㉒ BCBAB

㉓ BACBB

㉔ BCABB

㉕ ABCBB

㉖ CBABB

㉗ ACBBB

㉘ CABBB

㉙ CCCAB

㉚ CCCBA

㉛ CCACB

㉜ CCBCA

㉝ CCABC

㉞ CCBAC

㉟ CACBC

㊱ CBCAC

㊲ CABCC

㊳ CBACC

㊴ ACBCC

㊵ BCACC

㊶ ABCCC

㊷ BACCC

三、五线谱分析法

所谓五线谱分析法是指制作排列 5 的图表类似于音乐的五线谱排列法。五线谱分析法与一般彩票图表不同，它是以期数横向排列为主要特征的。

（一）常规五线谱分析法

2010 年排列 5 的五线谱图表

号码	01 期	02 期	03 期	04 期	05 期	06 期	07 期	08 期	09 期	10 期	11 期	12 期	13 期	14 期	15 期
一线															
0									0			0			
1															
2				2											
3	3				3									3	
4							4				4				
5						5									

续表

号码	01期	02期	03期	04期	05期	06期	07期	08期	09期	10期	11期	12期	13期	14期	15期
6								6							
7															
8															
9		9	9							9			9		9

号码	01期	02期	03期	04期	05期	06期	07期	08期	09期	10期	11期	12期	13期	14期	15期
二线															
0															
1			1												
2	2				2	2				2	2				
3				3					3				3		
4								4							
5															5
6															
7															
8		8			8							8			
9														9	

号码	01期	02期	03期	04期	05期	06期	07期	08期	09期	10期	11期	12期	13期	14期	15期
三线															
0											0	0			
1		1													
2				2											
3															
4														4	
5			5				5	5							
6															6

续表

号码	01期	02期	03期	04期	05期	06期	07期	08期	09期	10期	11期	12期	13期	14期	15期
7	7				7	7			7				7		
8															
9										9					

号码	01期	02期	03期	04期	05期	06期	07期	08期	09期	10期	11期	12期	13期	14期	15期
四线															
0					0					0					0
1															
2			2			2	2						2		
3				3											
4								4							
5															
6				6										6	
7												7			
8	8											8			
9		9													

号码	01期	02期	03期	04期	05期	06期	07期	08期	09期	10期	11期	12期	13期	14期	15期
五线															
0				0											
1					1									1	
2					2										
3								3							
4	4						4					4			
5		5													
6							6								
7			7												
8										8	8		8		8
9															

从以上我们可以看出，在按照横向五线排列的同时分出小数、中数、大数，其走势形态就比较明显地显露出来了。我们看到，每条线的冷热程度基本上是特征各异的。例如，有的线路是小数走热，有的线路是中数为王，也有的是大数发威。

（二）012 路五线谱分析法

我们可以很容易从012路五线谱分析中看到其他图表所看不出来、或者说看不到的东西。例如，第一线非常明显的是0路号码的开出要远远高于其他两路号码的频率，在15期开奖之中，0路号码出现了11次，1路号码出现了2次，2路号码也出现了2次。这就非常有利于我们在实战中牢牢抓住这个特征。

现在我们再来看看第二线的情况。通过数据分析可以看出，第二线的2路号码较热，在15期号码中出现了9次，0路号码出现了4次，1路号码出现了2次。

我们从这个阶段看到，012路号码在各线中极少均衡分布，有时候偏向1路号码，有时候偏向2路号码。这为我们派出一些号码和重点组合一些号码，从而提高中奖机会提供了实际和数据的依据。

同时，我们还发现，在每一路号码中还有一些相关的现象。例如，第09期到第13期第一线的数字0出现之后，紧跟着的是数字9，其中12期和13期是完全重复了09期和10期的走势。类似情况还有不少。例如，第05期到第12期数字8与数字2的对称关系就是如此。

同样，我们会常常看到各线012路图上的斜三连、对望等规则的图形。例如，第04期到06期0路号码0、3、6构成的斜三连。

2010 年 012 路五线谱图表

号码	01期	02期	03期	04期	05期	06期	07期	08期	09期	10期	11期	12期	13期	14期	15期
一线															
0									0			0			
3	3				3									3	
6							6								
9		9	9							9			9		9
1															
4					4					4					
7															
2				2											
5						5									
8															

号码	01期	02期	03期	04期	05期	06期	07期	08期	09期	10期	11期	12期	13期	14期	15期
二线															
0															
3				3					3			3			
6															
9														9	
1			1												
4								4							
7															
2	2					2	2				2	2			
5															5
8		8		8								8			

续表

号码	01期	02期	03期	04期	05期	06期	07期	08期	09期	10期	11期	12期	13期	14期	15期
三线															
0											0	0			
3															
6															6
9										9					
1		1													
4														4	
7	7				7	7			7				7		
2				2											
5			5				5	5							
8															

号码	01期	02期	03期	04期	05期	06期	07期	08期	09期	10期	11期	12期	13期	14期	15期
四线															
0						0				0					0
3					3										
6				6										6	
9		9													
1															
4									4						
7												7			
2			2				2	2					2		
5															
8	8									8					

续表

号码	01 期	02 期	03 期	04 期	05 期	06 期	07 期	08 期	09 期	10 期	11 期	12 期	13 期	14 期	15 期
五线															
0				0											
3									3						
6								6							
9															
1						1								1	
4	4						4					4			
7			7												
2					2										
5		5													
8										8	8		8		8

第六章　成为玩彩高手

可以肯定地说，只凭借运气中得 100 万、500 万或者 1000 万乃至数亿元的投注者不是玩彩高手，只是说明其运气好得不得了而已。真正的玩彩高手是通过研究和修习从而能有一个较好的胜率。当然了，在成为高手之前，也会经历过什么也不懂和菜手的阶段，高手不是天生的。彩票亦人生。其实，通过修习、修炼，不仅仅对玩彩、快乐、中奖有益，同样，对于人生的感悟也是大有裨益的。

那么，玩彩高手要具备哪些素质或者说能力，以及如何成为彩票高手呢？下面我们为您一一道来。

一、热情是成为高手的基础

各个行业和领域都有所谓的高手，彩票行业也不例外。高盛国内公司招聘的股票操盘，很奇怪地招收体育优秀生，原因来自这是个艰辛的行业。同样，面对艰辛的玩彩之路，如果没有热情是很难达到一定程度的，更别说中大奖。俄国的托尔斯泰指出："一个人若是没有热情，他将一事无成。"美国詹姆斯·艾伦曾说："当被热情激发时，你是伟大的。"

在一般的情况之下，这种热情与对奖金需求的迫切性有关系。例如，身负几百万的债务、医院有家人急等前去治疗、孩子上大学的学费还没有着落等等的买彩人的动力与热情，远比一人吃饱全家不饿的单身贵族买彩要大很多。

有这样一则小故事：有一位年轻人，想向大哲学家苏格拉底求学。于是一天，苏格拉底将他带到一条小河边，"扑通"一下，苏格拉底就跳到河里去了。年轻人一脸迷茫：难道大师要我学游泳？看到大师在向自己招手，年轻人也就稀里糊涂跳进河里。没想到，当他一跳下来，苏格拉底立即用力将他的脑袋按进水里。年轻人用力挣扎，刚一出水面，苏格拉底再次用更大的力气将他的脑袋又按进水里。年轻人拼命挣扎，刚一出水面，还来不及喘气，没想到苏格拉底第三次死死地将他的脑袋按进水里……最后年轻人本能地用尽全身力气再次拼命挣扎出来。事情来得实在太突然，年轻人根本还没来得及反应，不过这次挣扎出水面，他本能地就拼命往岸上游。爬上岸，惊魂未定，他指着还在水里的苏格拉底说：大、大大大师，你到底想干什么？没想到，苏格拉底理都没理他，爬上岸像没事一样就走了。陡然之间，年轻人似乎明白了些什么，追上苏格拉底，虔诚地说：大师，恕我愚昧，刚才的一切我还未明白，请指点一二。此时，大师觉得年轻人尚有可教的可能性，于是，站定下来，对他讲了一句著名的话："年轻人，如果你想向我学知识的话，你就必须有强烈的求知欲望，就像你有强烈的求生欲望一样。"这则故事虽然说的是求知，但是，应用到热情上也是很贴切的，要想成为高手就要有像求生一样的强烈和努力。

二、高手要具备的"五心"

（一）善心

有人可能会说，玩彩票嘛，恒心和耐心是有作用的，但是，干善心什么事，我有善心能中大奖吗？

老子说："上善若水。"其实，善心可以说是一个出发点，你可以想象一下，社会之人如果没有善心那将如何。玩彩票要保有一颗善心。"仁者无敌"这句话其实对于玩彩也同样适用。在玩彩的时候保有一颗善心会使你受益颇多。善心能使你少了很多的烦恼，多了一份清醒；少了一份固执，多了一份洒脱。这样会使你离大奖越来越近，而不是越来越远。

（二）恒心

其实，做什么事情都应该有恒心，彩票尤甚。有人曾经说过：彩票是一种失败远远大于成功的游戏。有的时候，有决心的人因为缺少恒心而失败，但有了恒心的人做事成功的概率要高很多。德国诗人席勒说："只有恒心才能使你达到目的。"

有恒心就一定能中大奖吗？这个可不一定，但是，没有恒心却很难中大奖。

那么，如何才能具有恒心呢？恒心是一种心智状态，所以是可以培养训练的。"恒心不是一夜之间形成的，而是磨炼出来的。恒心是一种意志力，是对自我的管理和控制。恒心是一种非常宝贵的人生资源，拥有恒心的人比较容易取得成功。"

要想具备恒心可以从以下几个方面入手：

1. 确立长久和坚定的目标

所谓长久和坚定的目标，就是一旦确立目标就要长久坚持，而不是朝三暮四，或者一天一个主意。确立一个不变的目标有助于稳定地追求和实现。

2. 对实现目标的强烈渴望和追求

只有强烈渴望，你才能产生出源源不断的动力来支撑着你克服一切困难来追求目标。

3. 制订切实可行的行动计划并实施

例如，做一个计划表，可以每期研究一个胆码，然后开奖之后分析其结果，复盘自己的判断如何对的、如何错的，培养你对号码走势的敏感度。当达到一个稳定的胜率之后，再分析 2 个胆码。如此若干，肯定会有所裨益。

4. 在实施过程中要多鼓励自己

只有相信你自己很棒，多多地鼓励自己，你才会更好地激励自己去完成既定的目标。鼓励自己，以永不服输的斗志来保持一颗恒心。

（三）耐心

曾经有人说过：耐心是一种纪律，是一种能力，更是一种境界。英国国家广播公司以前播出的一篇报道提出了一种观点："耐心可以令人保持冷静，并做出理智的思考，在面临压力时，还能善待他人；耐心能让人在思想放松时保持克制，容忍原先所不能忍受的事情，平静地等待自然的结果。而急躁则会削弱人们的免疫系统，刺激肠胃，使人体的血压升高，增加心脏负担，并破坏自身与他人的关系。"

成为高手其实是一个很枯燥乏味的过程。德国谚语说：耐心是一株很苦的植物，但果实却十分甜美。心里不急不躁、不厌烦、不怕繁琐、不怕失败、不怕等待，按部就班地研究和追踪彩票走势，这样你就进入了高手的行列。

（四）决心

我们经常看到，在现实生活中有相当一部分人下决心办好一件事，但总坚持不住，半途而废，大部分是因为自己的自制力太差。这也正是只有少数人能成功，而大部分人平庸的最根本原因。

只有较难做到甚至可能做不到的事情而我坚决地去做，这才会用上决心这两个字。"下定决心就是向自我挑战，向极限挑战。只有这样，人的潜能才有可能最大限度地激发出来。"从某种意义上说，你的人生取决于你坚定的决心。

买彩票中大奖是一件随机性很强的事情，但是，你的努力是会提高中奖概率的。首先，你每期都坚持购买，不管是机选还是自选，都有中奖的机会，而你不买就彻底失去了中奖的可能。其次，通过不断的购买积累经验、方法，又能提升你的中奖机率。最后，下定了决心要中大奖，这种决定会使你能排除万难而离中大奖又近了一些。那么，你在行动中不断成长，并且成为了高手，而中大奖只是早晚的事情了。

（五）平常心

平常心说是平常，但是，的确比较难得，尤其是你面对着重要的人生机会的时候。平常心就是对外在一切刺激、机会、诱惑等等都能宠辱不惊，安然地保持着一颗平静的心。保持好平常心看似简单、容易，但它实际上是一种境界。平就是均衡，不偏颇、不失衡，常就是常态，没有起落、沉浮。曾经有人专门为平常心写了一本书。可见其重要性和不易性。

对于彩票来说，投注前有刺激，开奖时让人激动，看奖号时心情澎湃，总之，充满了使人不能以平常心待之的事情。但是，要想成为彩票高手，恰恰要摈弃种种的冲动。即便是 N 多次的重大投注失败，但凡是突然中得了大奖，更要视之如平常。真正的平常心，是需经多年痛苦的磨炼方能获得的一种心态。

三、高手要具有的"八力"

（一）学习力

同绝大多数事业一样，学习力是一个重要的基础。学习力既是玩彩所需的能力，同时，又是人生发展和成就事业所需要的能力。之所以要强调学习力，是因为彩票自成一套体系，不管你是数学教授、还是物理学大师，不管你是小学毕业、还是扛麻袋的力工，都要重新开始学习彩票的玩法、投注方法。面对随机繁复的彩票走势，掌握基础的知识、提升技巧、逐步增强各种能力都需要不断的学习。

（二）领悟力

领悟力，顾名思义是领会和醒悟的能力。通俗讲，就是让你之前所不明白的、甚至百思不得其解的事情和现象，逐渐或者突然明白过来就叫做领悟，而具备了这种能力就是领悟力。"只有你掌握了事物发展的规律，并且对其要有一定的兴趣，保持良好的状态，心态积极，这样才能思路畅通，做到有很好的领悟。"领悟可以分为渐悟和顿悟，这两种方式均表明具备了领悟力。由于彩票走势的随机性很强，一般的方法很难取得成功。大家要在研究号码之中领悟到其走势的特质和线路，从而掌握住寻找彩票走势的钥匙。

（三）洞察力

彩票走势随机性很强，这就需要我们有透视其内在联系的洞察力，通过极为细微的变化来体察号码与号码之间、各期号码之间和总体走势的趋势。

洞察力是一种超越了观察力，是附带有分析、判断能力的综合感受和穿透能力。从某种意义上说，洞察力是一种透过纷繁复杂的现象看清楚本质的能力。"为什么有许多人在大学时是高材生，但在科研上却做不出成绩，遇到复杂问题就一筹莫展？归根结底在于缺乏直觉和洞察力。"经济学家卡斯纳说："以深刻而敏锐的洞察力去发现时机，是管理者精神的本质。"卡斯纳的这句话同样也适用于彩票投注。

那么，如何培养自己的洞察力呢？

（1）庞杂的知识储备是洞察力的基础；

（2）多角度的思维模式是洞察力的要点；

（3）长时间的尝试和探索是增进洞察力的源头；

（4）特别细心地探查事物与事物之间的微小联系；

（5）通过事情表面的状况来透视内在的动向。

（四）想象力

有人会说，只有搞艺术和文学的人才需要比较多的想象力，玩彩票恐怕不需要这些东西吧。其实，对于世界上最复杂、难度最大的随机性来说，任何单纯的、甚至复杂的能力都不足以成功地对付它。而想象力的意义在于能突破人们的常规思维，更加接近于随机状态以符合彩票的随机性、内在的走势。

其实，想象力是人类探索和创新的重要源泉。亚里斯多德指出："想象力是发明、发现及其他创造活动的源泉。"爱因斯坦也说过："想象力比知识更重要，因为知识是有限的，而想象力概括世界上的一切，推动着进步，并且是知识进化的源泉。"

（五）自制力

对于自制力，百度百科的解释是：指人们能够自觉地控制自己的情绪和行动。既善于激励自己勇敢地去执行采取的决定，又善于抑制那些不符合既定目的的愿望、动机、行为和情绪。自制力是坚强的重要标志。

与之相反是任性。对自己持放纵态度，对自己的言行不加约束。任意胡为，不考虑行为的后果。

热忱是促使你采取行动的重要原动力，而自制则是指引你行动方向的平衡轮。它能帮助你的行动，而不会破坏你的行动。但丁指出："测量一个人的力量的大小，应看他的自制力如何。"高尔基也说过："哪怕对自己的一点小小的克制，也会使人变得强而有力。"自制力是人生中的一种很重要的能力，更有着非同寻常的意义。在成功的路上，最大的敌人其实并不是缺少机会，或是资历浅薄；成功的最大敌人是缺乏对自己情绪的控制。

同样，在玩彩过程中，失败两个字是家常便饭，而保持对投注计划的坚守、保持不过分投注、保持良好的情绪等，这些均是自制力的重要体现。

（六）执行力

简而言之，执行力就是实现想法，落实到具体行动的操作能力。严格的定义是理解、贯彻、落实、执行决策的能力。

很多人有好的想法和思路，但是，这些人未必能成功，这就是执行力的问题。再好的计划，如果无法一步一步地予以执行也是白搭。还有的人在执行过程中遇到了困难，或者说逐渐懒散下去，那么，也是无法取得成果的。只要选对了路，按照路线去走，就不怕路远和路艰。这样才能取得成功。

执行力的强弱取决于三个要素——纪律、能力、态度。能力是基础，态度是关键，纪律是保证。

我们在彩票市场上经常看到，因为犹豫没有买自己写好的号而错过了百万元以上的大奖。这就是缺乏执行力的表现。尤其加倍投注的时候，很多人没有按照投注计划来执行，而往往是当你没有按计划执行而放弃之后，大奖马上就开出。当然了，彩票走势是有很强的随机性，但是，好的执行力能把你的中奖机会变成现实。

（七）预见力

所谓预见力就是指超前猜测事态发展趋势的能力。"一叶落知天下秋"的本领建立在对事物特点、规律的深刻认识上，"见微知著"的能力建立在对事物普遍性、倾向性问题的深入研究上。

"世界唯一不变的法则是变化，这说明我们的生存环境时时刻刻处于不断变化之中，能与变化的环境共存的往往是那些最佳适应者，所谓适者生存，就是要以变应变，从容应对。而应对变化的动力来自于生存者对环境变化趋势的科学预见力。"与此同时，由于世界的偶然性和随机性，我们的预见力也就总是显得很微弱，对于未来的预见越来越困难。但是，只有具备前瞻性的个体、企业和组织，才能在当前的环境中脱颖而出。

英特尔前任总裁安迪·格鲁夫曾说过："要想预见今后10年会发生什么，就要回顾过去10年中发生的事情。任何一次技术创新都直接对应着一次市场未来发展的预见。"托夫勒认为："今天比以往任何时候都更需要幻想、梦想和预言，即对潜在的明天的想象。"

研究彩票走势的核心问题其实就是预见的问题，可以说我们所有的研究和工作都围绕着这个问题。对于同样的走势，有的投注者能看到下期号码的走势，而有的投注者则看不到这种趋势。这就是预见力的有无和高低的问题。

（八）决断力

决断力是在合适的时机做出决定的能力。这种能力只能是自己所拥有的，而不是别人能给你的。在现实生活中我们常常看到，优柔寡断会把事情搞垮，或者丢失绝好的行动时机。从某种意义上说，决断力是孤独的。这是因为不管你听了多少顾问的意见，看了多少可行性报告，最后下决心是否行动、如何行动是你亲自发出的指令。

"企业的 CEO 首先要看有没有决策能力，其次才看决策的对错。"最痛苦的决策往往是独断专行决策，这就意味着没有任何人站在你这边，你要独自承受决策的后果。

最难的决策是敢于面对不确定性。而我们的彩民朋友天天就是面对着不确定性的决策。在彩票市场可以经常看到没有决断力的投注者，一会儿买超级大乐透，一会儿买双色球，一会儿买排列 3 的 456 组合，一会儿又改了，变成 789，也有的投注者干脆就不买了。大家可以想一下，你不买能中奖吗?!

所以说，既然选择了买彩票，就要勇于面对决策，面对失败。在最后下注的那一瞬间，只有你自己能帮你。

四、培养良好的投注习惯

良好习惯的养成需要一个过程。对于玩彩票来说，良好的投注习惯可以帮助你在一定程度上距离大奖更近一些。

我们先来看看养成良好购彩习惯中大奖的案例。

案例之一：坚持买体彩，老太太中大奖

2009 年 11 月 5 日，中国体育彩票"排列 5"第 09302 期开出号码 61742，商丘 22037 网点彩民摘取一注大奖，揽得奖金 10 万元。

11 月 10 日下午，时隔 5 天之后，省体彩中心商丘分中心终于迎来了中奖彩民。出人意料，中奖者竟然是一位年近七旬的老太太。

中奖的老太太姓张，是市某单位的退休工人，今年 67 岁。据她说，退休之后日子过得比较清闲，购买彩票算是自己的一项娱乐活动，每次买一两注，算算自己购彩大约有 5 年了。她并不看重是否中奖，只是图个娱乐，和彩民交流起来也很有热情，经常把自己看好的号码向别人推荐。

当问到中奖诀窍时，张老太太说，这张中奖彩票是在别人推荐号码的基础上，自己确认后购买的。对于中奖彩票只有一注，而没有加倍，她本人并不感到遗憾，她说，买了那么久的彩票，中奖是一个美好的愿望，作为老年人，买彩票的目的是休闲和娱乐，生活充实开心才最重要。

案例之二：坚持买彩获回报，广东廉江彩民中大奖

2008 年 7 月 8 日，广东省廉江市第 07061 号体彩点购买彩票的彩民郭先生，机选 4 元中得中国体育彩票七星彩玩法第 08079 期一等奖，奖金 76281 元。

郭先生已年过不惑，比较喜欢玩体彩。由于住处离体彩投注站较远，一般都是选好投注号码后打电话给 07061 号体彩点的业主投注。偶尔也中得一些小奖，但郭先生一直不灰心，坚持玩体彩，把它当做一种乐趣。

"功夫不负有心人。"7 月 7 日郭先生办事路过 07061 号体彩点，因工作忙，没空看七星彩近期的开奖走势情况，就顺便机选了七星彩两注，金额 4 元。8 日晚七星彩开奖，他中奖了都不知道，直到 9 日上午郭先生又

到 07061 号体彩点边看挂在墙上七星彩的开奖走势图，边琢磨着投注号码，当他看到七星彩第 08079 期开奖码为 7263587，他才想起前天机选两注七星彩还未核对是否中奖，便掏出彩票一看，第一注前 6 个码全中，最后一个码"3"错了，中七星彩一等奖，奖金 76281 元，郭先生非常高兴，马上搭车到廉江市体彩中心领奖。

买彩票是一种最普遍意义上的公益行为，不管你是金领、白领、蓝领甚至无领，只要你参与买彩都是在做公益。当然了，有很多人也是冲着中大奖去的，但是，这也不矛盾。从科学的概率理论上讲，买彩票肯定是有中奖机会的，每期都买肯定中奖机会还要高。河南彩民张老太太中得 10 万元大奖、广东彩民郭先生中得大奖就说明了这点。当然了，良好的生活习惯也支撑了他们长期买彩，而坚持了长期买彩才得以中得大奖。

有人说："良好的习惯乃是人在其神经系统中存放的道德资本，这个资本在不断地增值，而在人整个一生中就享受着它的利息。"培根也说过："习惯真是一种顽强而巨大的力量，它可以决定人生的命运。"史蒂芬·柯维认为：观念是态度与行为的根本，观念决定行为，行为形成习惯，而习惯左右着我们的成败，成功其实是习惯使然。哲学家培根说："习惯真是一种顽强而巨大的力量，它可以主宰人生。"买彩习惯的养成在某种意义上说是中得大奖的基础。

从中奖者的统计数据来看，有相当多的中奖者具有良好的买彩习惯。

（一）玩彩高手的良好投注习惯

1. 看好的号码组合就一定要买

我曾经在《你凭什么拿走 1000 万》一书中写道："彩市最常见的悲剧是：想好了号码却没写，写好了号码又排除；满怀信心决定了购买的号码却没买，恰恰这些号码是中奖号码。"实际上这种情况在彩票市场上非常普遍。

试想一下，你写好了一组号码，正准备去买的时候，你的对象来电话催促你赶紧去办理一件事情，你会先买彩票吗？当你办理完事情送你对象回家的时候，天上下着暴雨，而且很快就到了投注截止时间的时候，你确信你能先买彩票去吗？很多人就是这样与大奖擦身而过的。

所以说，保持一个良好习惯，就是看好的号码组合就一定要排除困难购买，而且最好确定之后马上就买。

2. 看好的号码就一定要反复组合

看好的号码就一定要反复组合是号码组合中的最重要的原则。不管开出的号码结果如何，在开奖之前你看好的号码一定要做成固定的胆码进行轮换式的组合，并且是在一定的范围之内反复组合。

大家知道，中奖是一个小概率事件。要想提高中奖概率，减少投注额，就要选择一定的号码。而往往是你看好的号码是错误的，这不要紧，而当有时候你看好的号码是对的时候，反复组合可以最大限度地覆盖号码组合，从而提高中奖机会。尤其是对于小盘玩法来说，利用图形法、加减法、统计等等，从 10 个号码中选对 1~2 个的概率是很高的。

3. 对热号要连追，直到明确变冷

在随机世界和非随机世界之中，马太效应是一个普遍的效应。在各个号码的重要特征中，热门号码是最重要的特征，抓住了这个特征，可以锁定胆码，从而有效地提高中奖机会。但是，我们在玩彩实践之中对于这条往往重视得不够，不能连续追踪，无端浪费了很多机会，降低了中奖概率。这是大家要明确认识到的事情。

4. 制订投注计划并且坚决执行

我们看到一些中大奖的投注者有的是几年如一日，每期投注相同的号

码；有的是连续加倍投注达到几十期乃至上百期。尤其是加倍投注，资金固然是一个基础，但是，更重要的是按照计划执行。我们常常看到一些投注者没有按照投注计划执行而后悔莫及。我们也会看到不少人坚持到最后一期、二期而取得成功。

既然制订了投注计划就要执行，如果做了计划不执行与不做计划有何区别？而没有计划的随意投注只是单纯碰运气而已。当然了，碰运气也很好，但是，如果你要做一个技术分析型的彩民，做投注计划并且认真执行是一个基础性的习惯。

5. 投注之后要及时做好复盘

彩票复盘就是对当期的走势和投注进行一次回顾和总结，以找出哪个号码判断正确、哪个号码判断失误以及组合正确和失败的原因，为下一期投注做好预先分析的过程。

复盘可以使人进步更快一些，更加清醒一些，更加知道如何成功和如何失败的原因，以利于提高以后投注的胜率。良好的盘感是彩票投注的必备条件，盘感需要训练，通过训练，大多数人会进步。训练盘感可从以下几个方面进行：

①坚持每期复盘。

②条件反射训练。判断彩票定势，不断刺激自己的大脑。

③训练自己每日快速浏览彩票图表情况。

④最核心的是有一套适合自己的分析方法。

（二）如何培养良好的习惯

1. 只有你自己才能推动你自己

如果你不向前走，谁又会推你走呢？萧伯纳说得好："人喜爱习惯，因为造它的就是自己。"一个人要想养成良好的习惯，去掉坏习惯，这一切均取决于你自己的选择。只有你自己采取方法，才能成为习惯的主人。

2. 长期进行积累

《现代汉语词典》中解释说：习惯——是在长期的过程中逐渐养成的、一时不容易改变的行为、倾向或社会风尚。大家都知道，一个人的行为习惯是好还是坏，并不是与生俱来的，也并非一朝一夕形成的。根据专家的研究发现，21 天以上的重复会形成习惯，90 天的重复会形成稳定的习惯。

3. 习惯培养最主要的方法是训练

习惯不是说出来的，而是练出来的。训练要反复、严格，还要贴近实际，具体而有实效。只有反复训练才能形成自然的、一贯的、稳定的动力定型，这是人的生理机制所决定的。

美国著名教育家曼恩说过："习惯仿佛像一根缆绳，我们每天给它缠上一股新索，要不了多久，它就会变得牢不可破。"印度谚语说得好："播种一种信念，收获一种行动；播种一种行动，收获一种习惯；播种一种习惯，收获一种性格；播种一种性格，收获一种命运。"

第七章 排列 3 实战看盘
操作分析

　　大量的实战以及实战的分析和研究，是使我们玩彩票水平迅速提高的不二法门，所以，经常进行实战才能积累起自己的实际经验。古语说得好：纸上得来终觉浅，觉知此事要躬行。我们文中所述的每一个案例，力图再现未开奖前绞尽脑汁的研究和分析，力图使大家顿悟。成功的案例可以使我们中奖中得明明白白，而失败的案例使我们清楚地看到了问题之所在。当然了，对于某些极端的偏态走势任何人也是无能为力的，所以不必过分苛求，在这种情况下中奖明显属于幸运的偏心了（连续长期蹲堵性的倍投除外）。

一、成功的案例

案例之一：**2010 年排列 3 第 1096 期开奖之前的研究分析**

1. 先看看012路单线分布图

首先，我们看看第一线的 012 路分布图。从图上发现，近期出号主要是在 0 路和 1 路，所以，第 1095 期开出了数字 4 之后，我们判断下期可能会出现在 0 路号码，也就是 0、3、6、9 之中。

其次，我们看到第二线的 012 路分布图上，曲线正处于一个周期变化的起始点，并且表现出 2 路号码可能要走热，所以，我们判断第 1096 期可能会开出 2 路号码，也就是 2、5、8 之中。

最后，从第三线来看，数字 0 开出之后一般都要大幅波动，所以，我们可以选择 2、5、8。

综合以上分析，从单选上看，第一线可以选择 0、3、6、9。第二线选择 2、5、8。第三线选择 2、5、8。从组选上看，初步选择 0、3、6、9 和 2、5、8 共 7 个号码。

			第一线										第二线										第三线							
A	B	C	D	E	F	G	H	I	J	K	L	M	N	O	P	Q	R	S	T	U	V	W	X	Y	Z	AA	AB	AC	AD	AE	AF	AG
期数	号码		0	3	6	9	1	4	7	2	5	8	0	3	6	9	1	4	7	2	5	8	0	3	6	9	1	4	7	2	5	8
1070	66938				6										6											9						
1071	57825								5									7														8
1072	97074					9												7				0									5	
1073	55501																														5	
1074	34900			3														4														
1075	85409										8																4					
1076	27154							2										7									1					
1077	99253					9																				2					
1078	4982	0																4								7						
1079	95781																		5							4					
1080	26456								2				6													4					
1081	59800						5							9																8	
1082	50840						5					0																			
1083	46801				4																						4					
1084	92286						2																		8						
1085	29677																									4					
1086	95849																													8	
1087	81447					8									1										4						
1088	60815		6										0																	8	
1089	24184						2							4									1								
1090	59014					5							9							0											
1091	07072	0													7				0												
1092	30567		3																									5			
1093	97471																														8
1094	95888																5			0											
1095	47080			4																											
1096	未开																														

2. 再观察三线的图表

首先，第一线近几期主要在数字4～9之间摆动。从趋势来看，第1095期开出了数字4之后，预计第1096期将向大号方向移动，也就是说可能在数字5～9之间。根据相关性判断出现数字9的可能性较大。

其次，而第二线主要特征是在大号区域的小幅摆动。判断第1096期开出数字4、5、6的可能较大。如果缩小范围可以选择数字4、5。

最后，第三线的波动幅度较大。从历史上观察，数字0开出之后，下期主要是在数字5以上的区域。所以，判断下期在数字5～9之间，尤其是数字5和数字8。

		第一线										第二线										第三线										
A	B	C	D	E	F	G	H	I	J	K	L	M	N	O	P	Q	R	S	T	U	V	W	X	Y	Z	AA	AB	AC	AD	AE	AF	AG
期数	号码	0	1	2	3	4	5	6	7	8	9	0	1	2	3	4	5	6	7	8	9	0	1	2	3	4	5	6	7	8	9
1070	669							6										6														9
1071	578					5													7											8		
1072	970								9										7			0										
1073	555					5									5										5							
1074	349			3												4														9		
1075	854									8					5											4						
1076	271		2															7			1											
1077	992								9													2								9		
1078	49	0													4						9											
1079	957									9							5												7		
1080	264		2														6										4					
1081	598				5															9										8		
1082	508				5						0																		8			
1083	468			4													6												8			
1084	922							9				2										2										
1085	296		2																9									6				
1086	968							9								6														8		
1087	814								8	1																4						
1088	608				6																											
1089	241		2												4					1												
1090	590				5													9	0													
1091	070	0																	7													
1092	305		3										0														5					
1093	974						9												7							4						
1094	958						9									5														8		
1095	470			4															7			0										
1096	未开																															

3. 研究排列 3 和排列 5 的奇数图表

首先，我们看看排列 3 的奇数图表。从图上看，第 1094 期和第 1095 期的数字 5 和数字 7，数字 9 和数字 7 分别可能形成斜三连，即指向第 1096 期的数字 5 和数字 7。

其次，从排列 5 的奇数图表上，除了第 1094 期和第 1095 期的数字 5 和数字 7，数字 9 和数字 7 分别可能形成斜三连，即指向第 1096 期的数字 5 和数字 7 之外，还能显现出的是数字 1 与数字 7 的相关性。这一点是排列 3 的奇数图表上所没法察看出来的。

第 1079 期数字 1 与数字 7 同出。

第 1087 期数字 1 与数字 7 同出。

第 1088 期，上期出现数字 7，本期出现数字 1。

第 1090 期出现数字 1，下期出现数字 7。

第 1092 期出现数字 7，下期出现数字 1。

第 1093 期数字 1 与数字 7 同出。

第 1095 期的数字 7 也指向了尚未开出的第 1096 期的数字 1。

						排列3奇数								排列5奇数								
A	B	C	D	E	F	G	H	I	J	K	L	M	N	O	P	Q	R	S	T	U	V	W
期数	号码		0	1	2	3	4	5	6	7	8	9	0	1	2	3	4	5	6	7	8	9
1077	99253											⑨				3		5				⑨
1078	04982											9										9
1079	95781							5		7		9		1					5		7		9
1080	26456																		5			
1081	59800							5				9							5				9
1082	50840							5											5			
1083	46801														1							
1084	92286											9										9
1085	29677											9									⑦		9
1086	96849											9										⑨
1087	81447			1										1							7	
1088	60815													1					5			
1089	24184			1										1								
1090	59014							5				9		1					5				9
1091	7072									7											⑦	
1092	30567					3		5								3		5		7		
1093	97471									7		9		1							⑦		9
1094	95888							5				9							5				9
1095	47080																					
1096	未开																					

4. 分析排列 3 和排列 5 偶数图表

首先，我们看到排列 3 的偶数图表上，数字 2 与数字 4 的相关关系以及数字 4 与数字 8 的相关性。第 1095 期的数字 4 分别指向了尚未开出的第1096期的数字2和数字8。

其次，我们在排列5的偶数图表上，同样发现数字2与数字4的相关关系以及数字4与数字8的相关性。第1095期的数字4分别指向了尚未开出的第1096期的数字2和数字8。与此同时，第1095期的数字8还指向了数字4，而数字4的重复性也比较高。

A	B	C	D	E	F	G	H	I	J	K	L	M	N	O	P	Q	R	S	T	U	V	W
							排列3偶数								排列5偶数							
期数	号码		0	1	2	3	4	5	6	7	8	9	0	1	2	3	4	5	6	7	8	9
1077	99253				2										2							
1078	04982		0				4						0		2		4				8	
1079	95781		░	░	░	░	░	░	░	░	░	░									8	
1080	26456				2		4		6						2		4		⑥			
1081	59800										8		◎								8	
1082	50840		0								8		◎				4				8	
1083	46801						4		6		8		0				4		6		8	
1084	92286				②										②				6		8	
1085	29677				2				6						2				6			
1086	96849								6		8						4		6		8	
1087	81447						4				8						④				8	
1088	60815		0						6		8		0						6		8	
1089	24184				2		4								2		④				8	
1090	59014		0										0				4					
1091	07072		◎										◎		2							
1092	30567		0										0						6			
1093	97471						4										4					
1094	95888										8											(8)
1095	47080		0				4						◎				4				8	
1096	未开																					

5. 综合分析

第一，根据012路单线分布图：

直选第一线选择0、3、6、9，缩小范围倾向数字9。

直选第二线选择 2、5、8，缩小范围倾向数字 5。

直选第三线选择 2、5、8，缩小范围倾向数字 2。

组选：0、2、3、5、6、8、9。缩小范围倾向 2、5、6、8、9。

第二，根据三线的图表：

直选第一线选择 5、6、7、8、9，缩小范围倾向数字 9。

直选第二线选择 4、5、6，缩小范围倾向数字 4、5。

直选第三线选择 5、6、7、8、9，缩小范围倾向数字 5、8。

第三，排列 3 和排列 5 的奇数图表：

奇数选择 1、5、9。

第四，排列 3 和排列 5 的偶数图表：

偶数选择 2、4、8。

判断胆码为：5、8。我们判断出组选 6 的可能性较大。

投注方案为：

方案之一：5 码组选 6 组合。

选择 5 码为：0、4、5、8、9。代入复式变单式组选组合的公式：

A＝0，B＝4，C＝5，D＝8，E＝9。

公式如下：

① ABC

② ABD

③ ABE

④ ACD

⑤ ACE

⑥ ADE

⑦ BCD

⑧ BCE

⑨ BDE

⑩ CDE

代入公式后组选组合单式如下：

045　048　049　058　059　089　458　459　489　589

方案之二：直选。

第一线选择 5、6、9。

第二线选择 4、5、8。

第三线选择 8、9。

转化为直选为：

548　549　558　559　588　589

648　649　658　659　688　689

948　949　958　959　988　989

我们可以剔出组选 3 的组合，保留组选 6 的组合，以下共 10 注。

548　549　589　648　649　658　659　689　948　958

6. 复盘分析

2010 年排列 3 第 1096 期实际开奖结果是：059。

第一，正确的分析。

首先，判断组选 6 是正确的。

其次，判断胆码 5、8，其中数字 5 正确。

最后，组选 5 码 0、4、5、8、9 打中了中奖号码 059。

第二，错误的分析。

012 路直选的第一、第二线选择正确，但是，第三线丢掉了数字 9，这样导致了直选的失败。当然了，如果我们采用组选变直选的方式也能取得成功，但是，投入成本增高，不利于加倍投注。

三线图直选初始第二线和第三线正确，但是，第一线丢掉了数字 0，并且缩小范围的时候进一步丢掉了正确的号码。

案例之二：2010 年排列 3 第 10101 期开奖之前的研究分析

1. 我们先来看看排列 5 的排序号码分布图

首先，我们根据排列 5 的特性，当号码连续 2 期开出之后，形成竖三连的可能性较大。第 1099 期和第 10100 期连续开出的号码有 1、5、8，这 3 个号码其中至少有一个形成竖三连的格局。

其次，第 1099 期和第 10100 期的数字 6 和数字 5 指向了尚未开出号码的第 10101 期数字 4 的位置。同时，第 1099 期和第 10100 期的数字 8 和数字 7 指向了尚未开出号码的第 10101 期数字 6 的位置。

这样，根据排列 5 的排序号码分布图就选出了 1、4、5、6、7、8。然后考虑到数字 5 近期出现重复现象较少，按照马太效应可以排除数字 5。所以，进一步选出了数字 1、4、6、7、8 这 5 个号码。

2. 我们再来考察一下排列 5 的奇偶图

首先，看一下排列 5 的奇数图。从奇数图表上我们看到了数字 1 有可能形成竖三连。

其次，从图表上看，数字 3 与数字 5 具有一定的相关关系。例如，第 1092 期和第 1096 期数字 3 与数字 5 同时出现。在第 1096 期数字 5 出现之后，第 1097 期出现了数字 3。而第 10100 期的数字 5 指向了尚未开出的第 10101 期的数字 3 的位置。所以，我们选择了数字 3。

最后，第 1097 期到第 10100 期的数字 1、3、5、7 形成了斜四连，指向了尚未开出的第 10101 期的数字 9 的位置，同时，我们看到了数字 7 与数字 9 近期有明显的相关性。所以，我们看好数字 9，考虑数字 9 可以成为胆码。

A 期数	B 号码	C	D 0	E 1	F 2	G 3	H 4	I 5	J 6	K 7	L 8	M 9
1083	46801		0	1			4		6		8	
1084	92286				②				6		8	9
1085	29677				2				6	⑦		9
1086	96849						4		6		8	⑨
1087	81447			1			④			7	8	
1088	60815		0	1				5	6		8	
1089	24184			1	2		④				8	
1090	59014		0	1			4	5				9
1091	07072		◎		2					⑦		
1092	30567		0			3		5	6	7		
1093	97471			1			4			⑦		9
1094	95888							5			(8)	9
1095	47080		◎				4			7	8	
1096	5939		0			3		5				⑨
1097	14637			1		3	4		6	7		
1098	93639					③			6			⑨
1099	16856			1				5	⑥		8	
10100	71805		0	1				5			8	
10101	未开											

而从偶数图上，数字 2 已经连续 9 期未开出，所以，无论如何本期及其以后都要蹲堵数字 2。由于数字 8 与数字 4 的紧密相关性，所以又选定数字 4 作为备选号码。同样，基于数字 8 可能形成竖三连，也要将其纳入其中。

A	B	C	D	E	F	G	H	I	J	K	L	M	N	O	P	Q	R	S	T	U	V	W
					排列5奇数												排列5偶数					
期数	号码		0	1	2	3	4	5	6	7	8	9	0	1	2	3	4	5	6	7	8	9
1083	46801			1									0				4		6		8	
1084	92286											9			②				6		8	
1085	29677									⑦		9			2				6			
1086	96849											⑨					4		6		8	
1087	81447			1						7							④				8	
1088	60815			1				5					0						6		8	
1089	24184			1											2		④				8	
1090	59014			1				5				9	0				4					
1091	07072									⑦			◎		2							
1092	30567					3		5		7			0						6			
1093	97471			1						⑦		9					4					
1094	95888							5				9									(8)	
1095	47080									7			◎				4				8	
1096	05939					3		5				⑨	0									
1097	14637			1		3				7							4		6			
1098	93639					③						⑨							6			
1099	16856			1				5											⑥		8	
10100	71805			1				5		7			0								8	
10101	未开																					

3. 再研究一下排列 3 的排序号码图

从排列 3 的排序号码图上看，数字有形成竖三连的可能。数字 2 已经连续 9 期未出，值得蹲堵。而第 1099 期和第 10100 期的数字 6 与数字 7 可能形成斜三连指向未开奖的第 10101 期的数字 8 的位置，同时，数字 8 已经连续两期出现，也可能形成竖三连。另外，第 1098 期、第 1099 期、第 10100 期的 9、8、7 已经形成了斜三连并进一步指向尚未开奖的第 10101 期的数字 6 的位置，而根据近期数字 6 的隔期出现的特征，可以选择数字 6 作为备选号码。

A	B	C	D	E	F	G	H	I	J	K	L	M	N	O	P	Q
期数	号码		0	1	2	3	4	5	6	7	8	9	奇	数	个	数
1083	46801						4		6		8			0		
1084	92286				②							9		1		
1085	29677				2				6			9		1		
1086	96849								6		8	9		1		
1087	81447			1			4				8			1		
1088	60815		0						6		8			0		
1089	24184			1	2		4							1		
1090	59014		0					5				9		2		
1091	07072		◎							7				1		
1092	30567		0			3		5						2		
1093	97471						4			7		9		2		
1094	95888							5			8	9		2		
1095	47080		0				4			7				1		
1096	05939		0					5				9		1		
1097	14637			1			4		6					1		
1098	93639					3			6			9		2		
1099	16856			1					6		8			1		
10100	71805			1							8			2		
10101	未开															

4. 012 路分布图

首先，我们看到了数字 9 与数字 1 具有一定的相关关系。第 10100 期的数字 1 指向了尚未开奖的第 10101 期数字 9 的位置。

其次，数字 1 与数字 9 具有一定的相关性。所以，第 10100 期的数字 1 又指向了尚未开奖的第 10101 期数字 4 的位置。

最后，数字 4 与数字 7 也具有一定的相关性。第 10100 期的数字 7 又指向了尚未开奖的第 10101 期数字 4 的位置。

A	B	C	D	E	F	G	H	I	J	K	L	M
期数	号码		0	3	6	9	1	4	7	2	5	8
1083	46801				6			4				8
1084	92286					9				②		
1085	29677				6	9				2		
1086	96849				6	9						8
1087	81447							4				
1088	60815		0		6							8
1089	24184						1	4		2		
1090	59014		0			9					5	
1091	07072		◎						7			
1092	30567		0	3							5	
1093	97471					9		4	7			
1094	95888					9					5	8
1095	47080		0					4	7			
1096	05939		0			9					5	
1097	14637				6		1	4				
1098	93639			3	6	9						
1099	16856				6							8
10100	71805								7			8
10101	未开											

5. 排列 3 和值走势图

近期和值波动幅度逐渐缩小。从第 10100 期为止的趋势上看，有可能形成一个突破，但是，也有可能继续小幅波动。可以重点关照 12 点到 20 点的组合。

期数	号码	和值	奇偶
1074	349	16	偶
1075	854	17	奇
1076	271	10	偶
1077	992	20	偶
1078	049	13	奇
1079	957	21	奇
1080	264	12	偶
1081	598	22	偶
1082	508	13	奇
1083	468	18	偶
1084	922	13	奇
1085	296	17	奇
1086	968	23	奇
1087	814	13	奇
1088	608	14	偶
1089	241	7	奇
1090	590	14	偶
1091	070	7	奇
1092	305	8	偶
1093	974	20	偶
1094	958	22	偶
1095	470	11	奇
1096	059	14	偶
1097	146	11	奇
1098	936	18	偶
1099	168	15	奇
10100	718	16	偶
10101	未开		

6. 综合分析

第一，根据排列5的排序号码分布图选出：1、4、6、7、8。

第二，根据排列5的奇偶图选出：奇数1、3、9，偶数2、4、8。

第三，排列3的排序号码图选出：1、2、6、8

第四，根据012路分布图选出：4、9

判断胆码为9，类型为组选6。

投注方案为5码复式：1、2、3、4、9

选择5码为：1、2、3、4、9。代入复式变单式组选组合的公式：

A=1，B=2，C=3，D=4，E=9。

公式如下：

① ABC

② ABD

③ ABE

④ ACD

⑤ ACE

⑥ ADE

⑦ BCD

⑧ BCE

⑨ BDE

⑩ CDE

代入公式后组选组合单式如下：

123　124　129　134　139　149　234　239　249　349

7. 复盘分析

2010 年排列 3 第 10101 期实际开奖结果是：143。和值 8 点。

第一，正确的分析。

首先，判断组选 6 是正确的。

其次，初选包含了中奖号码组合。

最后，组选 5 码 1、2、3、4、9 打中了中奖号码 143。

第二，错误的分析。

首先，确定胆码是数字 8 是错误的。

其次，判断和值范围是错误的。

二、失败的案例

案例：2010 年排列 3 第 1090 期开奖之前的研究分析

1. 首先我们来看看 012 路的三线图表

首先，我们从 012 路分布图上看到，0 路号码的数字 9 与 1 路号码的数字 4 具有一定的相关性。例如，第 1079 期的数字 9 开出之后，第 1080 期开出了数字 4。而在 1083 期开出了数字 4 之后，下期开出了数字 9。然后，第 1086 期开出了数字 9 之后，下期又开出了数字 4。所以，我们在判断第 1090 期的时候，有理由判断可能会开出数字 9。

同时，我们可以考察一下冷热号码的情况。在 1080 期到 1089 期这 10 期之中，0 路号码之中，数字 0 出现了 2 次、数字 3 出现了 0 次、数字 6 出现了 5 次、数字 9 出现了 4 次。按照追热号码的原则，数字 9 还有继续开出的可能性。所以，从冷热号码分析来看，我们又锁定了数字 9。

其次，我们还看到了 2 路号码之间的数字 2 与数字 8 的相关性。例如：

第 1080 期开出了数字 2 之后，下期开出了数字 8。

第 1085 期开出了数字 2 之后，下期开出了数字 8。

而第 1089 期开出了数字 2 之后，指向了未来开奖的第 1090 期可能开出数字 8。

A	B	C	D	E	F	G	H	I	J	K	L	M
期数	号码		0	3	6	9	1	4	7	2	5	8
1079	957					9			7		5	
1080	264				6			4		2		
1081	598					9					5	8
1082	508		0								5	8
1083	468				6			4				8
1084	922					9				②		
1085	296				6	9				2		
1086	968				6	9						8
1087	814						1	4				8
1088	608		0		6							8
1089	241						1	4		2		
1090	未开											

2. 我们再来研究一下排列3的排序号码分布图表

我们从2010年的图表上清楚地看到了在排列3的排序号码分布图上数字4和数字6的相关性。

第1080期数字4与数字6同开。

第1083期数字4与数字6同开。

第1086期开出数字6，而下期开出数字4。

第1087期开出数字4，而下期开出数字6。

第1088期开出数字6，而下期开出数字4。

第1089期的数字4直接指向了尚未开出的第1090期的数字6，所以，我们有理由选择了数字6。同时，我们还统计到在近10期的统计之中数字6共出现了5次，所以，根据马太效应，也应该继续选择数字6。

A	B	C	D	E	F	G	H	I	J	K	L	M	N	O	P
期数	号码		0	1	2	3	4	5	6	7	8	9		奇	偶
1080	26456				2		4		6							0
1081	59800							5			8	9				2
1082	50840		0					5			8					1
1083	46801						4		6		8					0
1084	92286				②							9				1
1085	29677				2				6			9				1
1086	96849								6		8	9				1
1087	81447			1			4				8					1
1088	60815		0						6		8					0
1089	24184			1	2		4									1
1090	未开奖															

3. 接着我们再看看排列 3 的奇偶走势图

　　首先，我们来查看排列 3 的奇数分布图。从图表上看，奇数在近 10 期之内较为清淡。除了数字 9 算得上是热门号码之外，数字 3 和数字 7 竟然都没有出现，而且无论从图形还是从统计数据上看都没有明显的出号特征。

　　其次，我们再来研究偶数分布。从图上看到，偶数的分布有一些特点：我们发现数字 2 与数字 6 具有明显的相关性。例如：

　　第 1080 期数字 2 与数字 6 同时开出。

　　第 1083 期数字 6 开出之后，下期开出了数字 2。

　　第 1084 期数字 2 开出之后，下期开出了数字 6。

　　第 1085 期数字 6 与数字 2 同时开出。

　　第 1086 期数字 2 开出之后，下期开出了数字 6。

　　我们发现，第 1089 期开出了数字 2，明显指向即将要开的第 1090 期的数字 6。所以，我们可以选择数字 6 作为备选号码。

　　我们又发现了，第 1087 期的数字 8 与第 1088 的数字 6、第 1089 期的数字 4 已经形成了斜三连，并且指向了未开出号码的第 1090 期的数字 2 的位置，可能形成了斜四连。同时，我们看到，第 1084 期和第 1085 期数字 2 的重复。我们有理由认为数字 2 又是一个备选号码。

			排列3奇数											排列3偶数											
A	B	C	D	E	F	G	H	I	J	K	L	M	N	O	P	X	Y	Z	AA	AB	AC	AD	AE	AF	AG
期数	号码		1		3		5		7			9				0			2		4		6		8	
1080	264																	2		4		6			
1081	598						5					9												8	
1082	508						5								0										
1083	468																			4		6		8	
1084	922											9						②							
1085	296											9						2				6			
1086	968											9										6		8	
1087	814		1																		4			8	
1088	608														0									8	
1089	241		1															2							
1090	未开奖																								

4. 我们继续分析排列 5 的排序号码分布图

前面我们考察了几张排列 3 的分布图，我们发现排列 3 有的数据没有办法显示出来指向性。所以，我们通过排列 5 或许能验证或者发现新的线索。

首先，我们清楚地看到了数字 3 已经连续 12 期未出了，已经超过了一般的出号周期。所以，我们可以开始蹲堵了。不管第 1090 期出现与否，都应该期期考虑到数字 3 这个冷门号码的问题。

同时，我们看到了第 1088 期的数字 5 与第 1089 期的数字 4 又形成第 1090 期指向数字 3 的斜三连的态势。所以，下期我们更要锁定数字 3 了。

其次，我们看到第 1088 期的数字 0 与第 1089 期的数字 1 又可能形成第 1090 期指向数字 2 的斜三连的格局。同时，我们回顾第 1071 期到 1089 期数字 2 的历史，发现其重复的概率是 50%，所以，对于数字 2 更要加以重视。

A	B	C	D	E	F	G	H	I	J	K	L	M
期数	号码		0	1	2	3	4	5	6	7	8	9
1071	57825				2			⑤		7	8	
1072	97074		0				4		⑦			9
1073	55501		0	1				(5)				
1074	34900		◎			3	4					9
1075	85409		0				4	5			8	9
1076	27154			1	2		4	5		7		
1077	99253				2	3		5				⑨
1078	04982		0		2		4				8	9
1079	95781			1				5		7	8	9
1080	26456				2		4	5	⑥			
1081	59800		◎					5			8	9
1082	50840		◎				4	5			8	
1083	46801		0	1			4		6		8	
1084	92286				②				6		8	9
1085	29677				2				6	⑦		9
1086	96849						4		6		8	⑨
1087	81447			1			④			7	8	
1088	60815		0	1				⑤	6		8	
1089	24184			1	2		④				8	
1090	未开											

5. 我们进一步研究排列5的奇偶走势图

可能有的朋友会问，咱们前面看排列3的奇数分布图的时候，没有发现什么特征，而在012路、排序分布图上的分析又没有底。看排列5的图感觉有些乱，看不清楚。那好了，我们看看排列5的奇偶分布图，判断一下能给我们什么启示。

首先，通过研究排列5的奇数分布图，我们一下子就发现了数字1与数字9的相关性。例如：

第1073期开出了数字1，下期开出了数字9。

第1076期开出了数字1，下期开出了数字9。

第 1078 期开出了数字 9，下期开出了数字 1。

第 1079 期共同开出了数字 1、数字 9。

第 1083 期开出了数字 1，下期开出了数字 9。

第 1087 期开出了数字 9，下期开出了数字 1。

而第 1089 期的数字 1 指向了未来开奖的第 1090 期的数字 9。

其次，通过研究排列 5 的偶数分布图，我们发现了 0、4、8 多次形成了隔位等距斜三连。而第 1088 期的数字 0、第 1089 期的数字 4 可能与未开奖的第 1090 期的数字 8 形成这种格局。

最后，我们还发现数字 4 出现重复号码的可能性较大。所以，也要把数字 4 列入到被选之中。

			排列5奇数										排列5偶数									
A	B	C	D	E	F	G	H	I	J	K	L	M	N	O	P	Q	R	S	T	U	V	W
期数	号码		0	1	2	3	4	5	6	7	8	9	0	1	2	3	4	5	6	7	8	9
1071	57825							⑤		7					2							8	
1072	97074									⑦		9	0				4					
1073	55501			1				(5)					0									
1074	34900					3						9	◎				4					
1075	85409							5				9	0				4				8	
1076	27154			1				5		7					2		4					
1077	99253					3						⑨			2							
1078	04982											9			2		4				8	
1079	95781			1				5		7		9									8	
1080	26456							5							2		4		⑥			
1081	59800											9	◎								8	
1082	50840							5									4				8	
1083	46801			1									0				4		6			
1084	92286											9			②				6		8	
1085	29677									⑦		9			2				6			
1086	96849											⑨					4		6		8	
1087	81447			1						7							④				8	
1088	60815			1				5					0						6		8	
1089	24184			1											2		④				8	
1090	未开																						

6. 综合分析

第一，根据012路的三线图表：选择了9、8。

第二，排列3的排序号码分布图表：选择了6。

第三，根据排列3的奇偶走势图：选择了2、6。

第四，排列5的排序号码分布图：选择了2、3。

第五，排列5的奇偶走势图：选择了8、9。

这样，我们一共选择了奇数3、9，偶数2、4、6、8。

根据指向性越多出现的可能性越大、合并同类项的原则。我们最后确定了组选5码是：3、4、6、8、9。为什么要最好排除数字2呢？我们主要是考虑5码组选是最佳选择，同时，数字2从近期历史上是间隔出现重复号码，所以，在5码组合的时候就只有排除了。当然了，我们在胆拖的时候可以考虑对数字2进行组合。

其中胆码是：8、9。根据组选周期，我们判断出现组选6的可能性较大。

投注方案为：

方案之一：胆拖。

胆码是：8、9，拖码是：2、3、4、6。

组合成4注组选6单式：289　389　489　689。

方案之二：5码组选6组合。

选择5码为：3、4、6、8、9。代入复式变单式组选组合的公式：A=3，B=4，C=6，D=8，E=9。

公式如下：

① ABC

② ABD

③ ABE

④ ACD

⑤ ACE

⑥ ADE

⑦ BCD

⑧ BCE

⑨ BDE

⑩ CDE

代入公式后组选组合单式如下：

346　348　349　368　369　389　468　469　489　689

方案之三：5 码＋胆拖的组选 6 组合。

经过对比就可以看出，5 码组合中包含了一些胆拖的号码组合。为了更好地覆盖组合，我们进行了合并。具体组合 11 注组选 6 为：

289　346　348　349　368　369　389　468　469　489　689

7. 复盘分析

2010 年排列 3 第 1090 期实际开奖结果是：590。

第一，正确的分析。

在选择号码中，判断数字 9 为胆码是正确的。判断组选 6 也是正确的。

第二，错误的分析。

在这次号码猜测中，我们遗漏了数字 0 和数字 5。

首先，数字 0 在排列 3 和排列 5 的图表之上没有明显的先兆。如果说有一点儿细微的特征的话，就是在排列 5 的偶数分布图上，在 1086 期之前数字 0 与数字 4 具有一定的相关性。但是，经过 1 期的不相关的指向后，判定出现数字 0 的可能性不大，而且，主要考虑出现频率比较高的偶数如数字 6、8 等。

其次，如果我们仔细观察的话，会发现奇数经过了几期的出号偏少，已经到了该回转的时候了。并且，在排列 5 的分布图上已经明显表现出数字 5 与数字 4 的相关性，但是，我们有一些忽略了。

附 录

一、2009 年排列 3 和排列 5 中奖号码分析表

（说明：由于 2009 年 2 月 18 日启用新摇奖机，实际上在此之前的数据已经没有什么参考价值了。所以，未列出 2008 年以前的排列 3 和排列 5 的开奖号码数据。新摇奖机是法国进口的名为 TOPAZE 的吹气式摇奖机。下面注数为排列 5 的中奖注数，金额为单注中奖金额。）

期号	开奖日期	开奖结果	注数	金额	排列 5 数组	全大	全小	全奇	全偶
2009358	2009—12—31	8 2 3 4 0	75	100000	5				
2009357	2009—12—30	2 5 5 1 7	45	100000	4				
2009356	2009—12—29	7 8 4 3 3	20	100000	4				
2009355	2009—12—28	4 4 2 9 3	33	100000	4				
2009354	2009—12—27	0 7 5 4 9	19	100000	5				
2009353	2009—12—26	6 6 7 1 6	35	100000	3				
2009352	2009—12—25	6 2 2 4 9	53	100000	4				
2009351	2009—12—24	1 5 9 8 7	45	100000	5				

期号	开奖日期	开奖结果	注数	金额	排列5数组	全大	全小	全奇	全偶
2009350	2009—12—23	3 3 5 9 9	18	100000	3			全奇	
2009349	2009—12—22	3 0 7 2 1	14	100000	5				
2009348	2009—12—21	8 2 7 4 5	41	100000	5				
2009347	2009—12—20	2 0 3 0 5	66	100000	4				
2009346	2009—12—19	1 5 1 0 2	75	100000	4				
2009345	2009—12—18	3 7 5 2 3	47	100000	5				
2009344	2009—12—17	5 3 1 2 1	59	100000	4				
2009343	2009—12—16	8 3 7 2 8	38	100000	4				
2009342	2009—12—15	7 8 2 6 6	13	100000	4				
2009341	2009—12—14	9 3 9 8 3	26	100000	4				
2009340	2009—12—13	6 8 0 9 5	14	100000	5				
2009339	2009—12—12	5 2 0 5 0	27	100000	3				
2009338	2009—12—11	9 7 0 0 4	11	100000	4				
2009337	2009—12—10	9 8 6 3 3	13	100000	4				
2009336	2009—12—09	8 3 2 8 6	28	100000	4				
2009335	2009—12—08	4 0 7 7 2	24	100000	4				
2009334	2009—12—07	4 8 0 9 3	9	100000	5				
2009333	2009—12—06	5 9 2 6 3	24	100000	5				
2009332	2009—12—05	0 5 1 6 6	76	100000	4				
2009331	2009—12—04	9 4 5 9 5	71	100000	3				
2009330	2009—12—03	6 7 4 4 6	9	100000	3				
2009329	2009—12—02	5 2 4 4 4	20	100000	3				
2009328	2009—12—01	4 1 7 6 4	44	100000	4				
2009327	2009—11—30	7 8 5 8 9	10	100000	4				

续表

期号	开奖日期	开奖结果	注数	金额	排列5数组	全大	全小	全奇	全偶
2009326	2009—11—29	6 0 0 0 6	31	100000	2				全偶
2009325	2009—11—28	4 5 5 7 9	25	100000	4				
2009324	2009—11—27	2 7 8 5 4	30	100000	5				
2009323	2009—11—26	1 2 1 7 5	22	100000	4				
2009322	2009—11—25	2 2 6 2 1	8	100000	3				
2009321	2009—11—24	5 9 8 1 5	41	100000	4				
2009320	2009—11—23	6 8 6 4 8	122	100000	3				全偶
2009319	2009—11—22	5 3 1 2 5	34	100000	4				
2009318	2009—11—21	8 2 7 0 2	36	100000	5				
2009317	2009—11—20	2 9 4 6 9	46	100000	4				
2009316	2009—11—19	4 8 9 3 5	43	100000	5				
2009315	2009—11—18	0 5 9 4 1	26	100000	5				
2009314	2009—11—17	8 8 0 9 5	58	100000	4				
2009313	2009—11—16	9 3 1 3 4	16	100000	4				
2009312	2009—11—15	3 3 2 9 5		100000	4				
2009311	2009—11—14	1 9 9 4 3	14	100000	4				
2009310	2009—11—13	4 7 7 3 8	43	100000	4				
2009309	2009—11—12	5 9 5 0 6	28	100000	4				
2009308	2009—11—11	1 0 8 3 2	21	100000	5				
2009307	2009—11—10	3 9 4 8 9	27	100000	4				
2009306	2009—11—09	5 4 7 3 2	15	100000	5				
2009305	2009—11—08	4 8 7 4 4	14	100000	3				
2009304	2009—11—07	5 2 6 5 9	208	100000	4				
2009303	2009—11—06	7 3 9 1 0	27	100000	5				

期号	开奖日期	开奖结果	注数	金额	排列5数组	全大	全小	全奇	全偶
2009302	2009—11—05	6 1 7 4 2	104	100000	5				
2009301	2009—11—04	2 2 4 4 5	15	100000	3				
2009300	2009—11—03	7 5 4 8 8	25	100000	4				
2009299	2009—11—02	5 3 5 1 1	7	100000	3				
2009298	2009—11—01	5 6 6 3 8	41	100000	4				
2009297	2009—10—31	2 3 0 0 5	14	100000	4				
2009296	2009—10—30	6 4 6 8 9	54	100000	4				
2009295	2009—10—29	8 0 0 6 0	19	100000	3				全偶
2009294	2009—10—28	2 7 8 2 7	47	100000	3				
2009293	2009—10—27	9 0 6 6 6	26	100000	3				
2009292	2009—10—26	9 6 6 8 5	9	100000	4	全大			
2009291	2009—10—25	8 3 0 2 6	33	100000	5				
2009290	2009—10—24	1 3 9 8 5	24	100000	5				
2009289	2009—10—23	7 3 9 0 2	52	100000	5				
2009288	2009—10—22	2 0 1 3 9	11	100000	5				
2009287	2009—10—21	9 7 1 4 1	42	100000	4				
2009286	2009—10—20	1 8 4 3 6	22	100000	5				
2009285	2009—10—19	3 6 3 4 6	27	100000	3				
2009284	2009—10—18	4 8 8 5 0	10	100000	4				
2009283	2009—10—17	5 6 2 0 8	134	100000	5				
2009282	2009—10—16	2 4 1 3 0	32	100000	5				
2009281	2009—10—15	8 1 9 4 9	30	100000	4				
2009280	2009—10—14	4 0 4 7 1	69	100000	4				
2009279	2009—10—13	6 3 1 4 7	32	100000	5				

续表

期号	开奖日期	开奖结果	注数	金额	排列5数组	全大	全小	全奇	全偶
2009278	2009—10—12	0 8 9 5 7	39	100000	5				
2009277	2009—10—11	1 7 6 3 9	16	100000	5				
2009276	2009—10—10	5 2 1 4 4	33	100000	4				
2009275	2009—10—09	7 3 2 5 9	14	100000	5				
2009274	2009—10—08	0 7 2 9 0	17	100000	4				
2009273	2009—10—07	3 2 9 6 0	28	100000	5				
2009272	2009—10—06	6 3 1 1 0	27	100000	4				
2009271	2009—10—05	6 9 8 4 3	25	100000	5				
2009270	2009—10—04	4 7 5 9 3	22	100000	5				
2009269	2009—10—03	6 4 2 0 2	18	100000	4				全偶
2009268	2009—10—02	0 7 3 8 6	17	100000	5				
2009267	2009—10—01	5 4 5 7 4	29	100000	3				
2009266	2009—09—30	0 8 9 0 1	18	100000	4				
2009265	2009—09—29	7 7 9 1 2	142	100000	4				
2009264	2009—09—28	3 3 2 0 0	22	100000	3				
2009263	2009—09—27	0 5 0 7 9	19	100000	4				
2009262	2009—09—26	5 2 1 5 5	18	100000	3				
2009261	2009—09—25	8 0 8 6 8	25	100000	3				全偶
2009260	2009—09—24	8 6 1 6 3	285	100000	4				
2009259	2009—09—23	5 4 4 5 7		100000	3				
2009258	2009—09—22	2 0 6 7 6	12	100000	4				
2009257	2009—09—21	9 0 5 4 9	45	100000	4				
2009256	2009—09—20	8 7 7 8 4	12	100000	3				
2009255	2009—09—19	3 1 6 7 4	20	100000	5				

续表

期号	开奖日期	开奖结果	注数	金额	排列5数组	全大	全小	全奇	全偶
2009254	2009—09—18	3 1 9 3 2	19	100000	4				
2009253	2009—09—17	0 9 8 5 2	26	100000	5				
2009252	2009—09—16	9 9 0 4 6	41	100000	4				
2009251	2009—09—15	4 1 9 3 2	71	100000	5				
2009250	2009—09—14	3 6 2 8 9	37	100000	5				
2009249	2009—09—13	8 9 4 9 3	15	100000	4				
2009248	2009—09—12	2 0 4 2 7	17	100000	4				
2009247	2009—09—11	1 5 9 6 1	22	100000	4				
2009246	2009—09—10	2 2 0 0 0	14	100000	2				全偶
2009245	2009—09—09	1 5 3 5 8	28	100000	4				
2009244	2009—09—08	6 4 7 5 0	91	100000	5				
2009243	2009—09—07	9 0 3 8 1	32	100000	5				
2009242	2009—09—06	8 8 4 3 3	20	100000	3				
2009241	2009—09—05	9 8 2 3 2	34	100000	4				
2009240	2009—09—04	3 7 8 9 5	23	100000	5				
2009239	2009—09—03	7 6 5 6 5	11	100000	3				
2009238	2009—09—02	3 6 2 7 0	30	100000	5				
2009237	2009—09—01	4 8 9 5 2	28	100000	5				
2009236	2009—08—31	4 5 1 6 9	597	100000	5				
2009235	2009—08—30	7 0 8 8 0	33	100000	3				
2009234	2009—08—29	7 3 4 4 7	15	100000	3				
2009233	2009—08—28	7 3 8 0 8	53	100000	4				
2009232	2009—08—27	5 4 8 0 1	27	100000	5				
2009231	2009—08—26	9 4 7 2 8	48	100000	5				

期号	开奖日期	开奖结果	注数	金额	排列5数组	全大	全小	全奇	全偶
2009230	2009－08－25	3 2 3 3 0	65	100000	3		全小		
2009229	2009－08－24	9 1 3 9 1	66	100000	3			全奇	
2009228	2009－08－23	6 0 8 8 6	142	100000	3				全偶
2009227	2009－08－22	0 8 7 4 3	24	100000	5				
2009226	2009－08－21	4 6 8 6 7	36	100000	4				
2009225	2009－08－20	4 4 7 8 7	3	100000	3				
2009224	2009－08－19	9 6 7 9 5	29	100000	4	全大			
2009223	2009－08－18	2 0 2 3 5	14	100000	4				
2009222	2009－08－17	5 5 7 2 0	21	100000	4				
2009221	2009－08－16	8 2 2 9 7	61	100000	4				
2009220	2009－08－15	4 1 6 2 2	41	100000	4				
2009219	2009－08－14	5 3 4 9 1	45	100000	5				
2009218	2009－08－13	8 4 8 5 4	24	100000	4				
2009217	2009－08－12	9 9 0 0 4	53	100000	3				
2009216	2009－08－11	1 8 3 8 5	13	100000	4				
2009215	2009－08－10	8 7 3 5 2	107	100000	5				
2009214	2009－08－09	5 0 2 8 5	53	100000	5				
2009213	2009－08－08	6 4 1 6 9	78	100000	4				
2009212	2009－08－07	4 8 2 2 6	49	100000	4				全偶
2009211	2009－08－06	4 1 5 9 7	98	100000	5				
2009210	2009－08－05	0 1 3 2 7	21	100000	5				
2009209	2009－08－04	3 7 6 2 1	40	100000	5				
2009208	2009－08－03	2 5 6 9 0	25	100000	5				
2009207	2009－08－02	5 5 0 2 1	15	100000	4				

期号	开奖日期	开奖结果	注数	金额	排列5数组	全大	全小	全奇	全偶
2009206	2009—08—01	3 6 0 9 6	16	100000	4				
2009205	2009—07—31	5 8 3 4 0	64	100000	5				
2009204	2009—07—30	1 2 9 2 7	32	100000	4				
2009203	2009—07—29	3 0 6 3 7	26	100000	4				
2009202	2009—07—28	2 0 4 7 3	22	100000	5				
2009201	2009—07—27	0 1 5 9 7	9	100000	5				
2009200	2009—07—26	7 1 1 7 4	14	100000	3				
2009199	2009—07—25	3 7 2 2 9	38	100000	4				
2009198	2009—07—24	3 5 1 9 4	51	100000	5				
2009197	2009—07—23	9 4 1 2 7	42	100000	5				
2009196	2009—07—22	4 3 9 5 7	13	100000	5				
2009195	2009—07—21	1 4 7 2 7	60	100000	4				
2009194	2009—07—20	5 6 1 5 7	67	100000	4				
2009193	2009—07—19	4 2 7 8 2	9	100000	4				
2009192	2009—07—18	9 3 7 0 3	12	100000	4				
2009191	2009—07—17	3 2 0 6 0	79	100000	4				
2009190	2009—07—16	4 5 1 1 3	39	100000	4				
2009189	2009—07—15	5 7 4 5 4	137	100000	3				
2009188	2009—07—14	8 5 3 6 6	46	100000	4				
2009187	2009—07—13	6 2 8 7 1	35	100000	5				
2009186	2009—07—12	7 6 7 0 7	50	100000	3				
2009185	2009—07—11	9 0 6 6 1	5	100000	4				
2009184	2009—07—10	9 0 5 3 7	12	100000	5				
2009183	2009—07—09	7 5 9 2 7	31	100000	4				

期号	开奖日期	开奖结果	注数	金额	排列5数组	全大	全小	全奇	全偶
2009182	2009-07-08	8 9 8 3 9	17	100000	3				
2009181	2009-07-07	0 6 9 2 2	91	100000	4				
2009180	2009-07-06	9 0 6 6 6	6	100000	3				
2009179	2009-07-05	6 3 4 9 7	31	100000	5				
2009178	2009-07-04	9 9 3 0 1	12	100000	4				
2009177	2009-07-03	2 2 0 9 0	24	100000	3				
2009176	2009-07-02	5 1 2 7 1	90	100000	4				
2009175	2009-07-01	2 0 0 9 7	92	100000	4				
2009174	2009-06-30	6 8 5 0 4	39	100000	5				
2009173	2009-06-29	8 1 8 7 6	49	100000	4				
2009172	2009-06-28	9 4 0 4 7	18	100000	4				
2009171	2009-06-27	8 1 4 1 9	153	100000	4				
2009170	2009-06-26	5 4 5 4 3	78	100000	3				
2009169	2009-06-25	3 7 5 8 0	128	100000	5				
2009168	2009-06-24	1 0 8 3 6	58	100000	5				
2009167	2009-06-23	5 2 6 9 7	62	100000	5				
2009166	2009-06-22	9 3 2 5 6	17	100000	5				
2009165	2009-06-21	1 6 8 4 6	38	100000	5				
2009164	2009-06-20	5 5 2 0 2	37	100000	3				
2009163	2009-06-19	1 2 0 5 7	25	100000	5				
2009162	2009-06-18	6 7 4 3 7	20	100000	4				
2009161	2009-06-17	1 8 6 9 3	64	100000	5				
2009160	2009-06-16	6 2 2 4 7	47	100000	4				
2009159	2009-06-15	3 8 0 1 1	35	100000	4				

续表

期号	开奖日期	开奖结果	注数	金额	排列5数组	全大	全小	全奇	全偶
2009158	2009－06－14	1 4 8 5 8	102	100000	4				
2009157	2009－06－13	0 6 0 1 7	22	100000	4				
2009156	2009－06－12	9 0 6 0 3	9	100000	4				
2009155	2009－06－11	2 0 6 9 7	24	100000	5				
2009154	2009－06－10	3 2 5 8 8	59	100000	4				
2009153	2009－06－09	6 9 8 5 6	29	100000	4	全大			
2009152	2009－06－08	6 3 8 8 2	28	100000	4				
2009151	2009－06－07	4 9 6 2 3	17	100000	5				
2009150	2009－06－06	0 0 4 8 2	5	100000	4				
2009149	2009－06－05	6 2 3 6 9	39	100000	4				
2009148	2009－06－04	3 4 1 8 2	6	100000	5				
2009147	2009－06－03	7 4 1 2 7	49	100000	4				
2009146	2009－06－02	1 8 3 4 9	22	100000	5				
2009145	2009－06－01	1 8 0 3 4	38	100000	5				
2009144	2009－05－31	9 7 3 5 5	74	100000	4			全奇	
2009143	2009－05－30	6 1 6 9 8	54	100000	4				
2009142	2009－05－29	1 4 7 8 9	49	100000	5				
2009141	2009－05－28	6 0 6 0 4	28	100000	3				
2009140	2009－05－27	2 8 1 8 1	21	100000	3				
2009139	2009－05－26	4 2 9 8 1	177	100000	5				
2009138	2009－05－25	6 3 3 6 3	201	100000	2				
2009137	2009－05－24	3 1 7 7 4	44	100000	4				
2009136	2009－05－23	7 8 5 9 7	18	100000	4	全大			
2009135	2009－05－22	2 0 5 0 0	31	100000	3				

续表

期号	开奖日期	开奖结果	注数	金额	排列5数组	全大	全小	全奇	全偶
2009134	2009－05－21	4 4 0 3 2	15	100000	4		全小		
2009133	2009－05－20	7 5 0 9 7	17	100000	4				
2009132	2009－05－19	9 9 0 1 5	49	100000	4				
2009131	2009－05－18	7 5 7 0 9	9	100000	4				
2009130	2009－05－17	0 6 2 0 5	17	100000	4				
2009129	2009－05－16	7 1 7 2 0	32	100000	4				
2009128	2009－05－15	5 1 5 0 6		100000	4				
2009127	2009－05－14	9 9 8 8 2	100	100000	3				
2009126	2009－05－13	3 0 6 9 8	38	100000	5				
2009125	2009－05－12	6 3 1 4 1	36	100000	4				
2009124	2009－05－11	9 4 5 0 7	25	100000	5				
2009123	2009－05－10	0 7 9 7 5	13	100000	4				
2009122	2009－05－09	3 5 5 2 5	24	100000	3				
2009121	2009－05－08	8 8 0 3 5		100000	4				
2009120	2009－05－07	1 0 7 8 7	13	100000	4				
2009119	2009－05－06	9 6 1 1 8	43	100000	4				
2009118	2009－05－05	7 6 3 3 4	55	100000	4				
2009117	2009－05－04	1 9 8 6 8	32	100000	4				
2009116	2009－05－03	3 3 0 6 3	7	100000	3				
2009115	2009－05－02	7 9 2 2 9	29	100000	3				
2009114	2009－05－01	3 0 1 1 5	26	100000	4				
2009113	2009－04－30	1 7 4 8 6	22	100000	5				
2009112	2009－04－29	4 2 2 1 7	22	100000	4				
2009111	2009－04－28	6 7 2 8 5	86	100000	5				

续表

期号	开奖日期	开奖结果	注数	金额	排列 5 数组	全大	全小	全奇	全偶
2009110	2009—04—27	9 4 4 2 7	58	100000	4				
2009109	2009—04—26	2 4 0 9 8	11	100000	5				
2009108	2009—04—25	4 0 8 0 0	12	100000	3				
2009107	2009—04—24	0 4 6 7 2	24	100000	5				
2009106	2009—04—23	2 0 3 5 0	65	100000	4				
2009105	2009—04—22	9 5 6 4 2	67	100000	5				
2009104	2009—04—21	4 7 3 6 5	125	100000	5				
2009103	2009—04—20	3 9 3 1 4	16	100000	4				
2009102	2009—04—19	8 9 2 4 6	39	100000	5				
2009101	2009—04—18	3 7 0 3 1	10	100000	4				
2009100	2009—04—17	3 3 5 4 4	96	100000	3				
2009099	2009—04—16	7 6 2 6 3	12	100000	4				
2009098	2009—04—15	8 6 7 3 5	58	100000	5				
2009097	2009—04—14	5 9 1 2 6	22	100000	5				
2009096	2009—04—13	3 5 1 1 2	16	100000	• 4				
2009095	2009—04—12	3 0 1 4 2	24	100000	5				
2009094	2009—04—11	7 9 9 7 9	33	100000	2	全大		全奇	
2009093	2009—04—10	8 8 0 0 5	5	100000	3				
2009092	2009—04—09	9 2 0 4 6	37	100000	5				
2009091	2009—04—08	6 1 2 4 5	62	100000	5				
2009090	2009—04—07	2 1 4 3 7	18	100000	5				
2009089	2009—04—06	7 8 4 3 6	102	100000	5				
2009088	2009—04—05	8 0 9 4 2	68	100000	5				
2009087	2009—04—04	5 0 0 8 4	18	100000	4				

续表

期号	开奖日期	开奖结果	注数	金额	排列5数组	全大	全小	全奇	全偶
2009086	2009—04—03	8 0 6 8 3	16	100000	4				
2009085	2009—04—02	1 9 8 6 4	33	100000	5				
2009084	2009—04—01	5 7 8 3 0	23	100000	5				
2009083	2009—03—31	5 0 9 1 4	52	100000	5				
2009082	2009—03—30	0 3 8 6 8	12	100000	4				
2009081	2009—03—29	2 8 3 9 0	12	100000	5				
2009080	2009—03—28	7 9 9 6 4	22	100000	4				
2009079	2009—03—27	3 2 8 0 3	22	100000	4				
2009078	2009—03—26	4 9 3 8 4	92	100000	4				
2009077	2009—03—25	8 5 6 4 5		100000	4				
2009076	2009—03—24	3 7 6 6 8	78	100000	4				
2009075	2009—03—23	5 2 8 1 9	117	100000	5				
2009074	2009—03—22	1 6 1 7 6	38	100000	3				
2009073	2009—03—21	5 4 7 3 9	39	100000	5				
2009072	2009—03—20	4 7 9 1 2	81	100000	5				
2009071	2009—03—19	5 0 2 3 0	28	100000	4				
2009070	2009—03—18	8 4 3 2 4	16	100000	4				
2009069	2009—03—17	3 2 0 1 4	136	100000	5		全小		
2009068	2009—03—16	4 1 5 6 3	9	100000	5				
2009067	2009—03—15	6 9 0 7 7	11	100000	4				
2009066	2009—03—14	4 7 1 6 7	34	100000	4				
2009065	2009—03—13	4 5 5 2 1	19	100000	4				
2009064	2009—03—12	4 6 6 4 7	29	100000	3				
2009063	2009—03—11	1 5 9 5 2	132	100000	4				

期号	开奖日期	开奖结果	注数	金额	排列5数组	全大	全小	全奇	全偶
2009062	2009—03—10	6 7 5 4 7	72	100000	4				
2009061	2009—03—09	8 0 4 3 5	20	100000	5				
2009060	2009—03—08	4 1 1 9 7	21	100000	4				
2009059	2009—03—07	2 1 0 7 3	37	100000	5				
2009058	2009—03—06	4 3 7 9 4	46	100000	4				
2009057	2009—03—05	3 8 1 1 7	31	100000	4				
2009056	2009—03—04	7 9 7 4 0	27	100000	4				
2009055	2009—03—03	0 4 5 4 1	10	100000	4				
2009054	2009—03—02	5 4 9 3 2	83	100000	5				
2009053	2009—03—01	6 2 2 9 5	24	100000	4				
2009052	2009—02—28	9 2 6 7 8	40	100000	5				
2009051	2009—02—27	1 0 8 7 7	36	100000	4				
2009050	2009—02—26	6 9 8 5 4	48	100000	5				
2009049	2009—02—25	3 7 3 6 7	96	100000	3				
2009048	2009—02—24	1 3 6 4 1	11	100000	4				
2009047	2009—02—23	7 1 3 1 7	37	100000	3				
2009046	2009—02—22	8 0 2 4 2	25	100000	4				
2009045	2009—02—21	7 7 4 5 4	8	100000	3				
2009044	2009—02—20	7 3 3 2 7	42	100000	3				
2009043	2009—02—19	6 2 6 6 0	23	100000	3				
2009042	2009—02—18	3 1 3 0 2	25	100000	4 (启用新摇奖机器)		全小		
2009041	2009—02—17	6 7 9 5 0	23	100000	5				
2009040	2009—02—16	7 3 6 0 5	21	100000	5				

期号	开奖日期	开奖结果	注数	金额	排列5数组	全大	全小	全奇	全偶
2009039	2009—02—15	8 4 5 0 3	8	100000	5				
2009038	2009—02—14	6 3 5 0 8	36	100000	5				
2009037	2009—02—13	9 0 4 5 6	14	100000	5				
2009036	2009—02—12	0 3 2 4 3	9	100000	4				
2009035	2009—02—11	8 1 4 1 6	36	100000	4				
2009034	2009—02—10	2 3 5 1 1	41	100000	4				
2009033	2009—02—09	4 7 2 6 8	30	100000	5				
2009032	2009—02—08	9 8 1 6 0	15	100000	5				
2009031	2009—02—07	5 4 3 2 2	28	100000	4				
2009030	2009—02—06	1 0 3 6 8	34	100000	5				
2009029	2009—02—05	4 7 0 6 6	15	100000	4				
2009028	2009—02—04	3 3 5 6 9	41	100000	4				
2009027	2009—02—03	5 8 5 8 0	47	100000	3				
2009026	2009—02—02	6 6 9 9 1	20	100000	3				
2009025	2009—02—01	2 7 8 7 2	41	100000	3				
2009024	2009—01—24	5 1 8 4 7	77	100000	5				
2009023	2009—01—23	6 6 2 9 8	10	100000	4				
2009022	2009—01—22	9 1 4 9 6	43	100000	4				
2009021	2009—01—21	7 0 0 6 8	47	100000	4				
2009020	2009—01—20	4 6 1 4 3	45	100000	4				
2009019	2009—01—19	8 3 0 3 1	67	100000	4				
2009018	2009—01—18	8 8 6 5 6	65	100000	3	全大			
2009017	2009—01—17	3 5 5 8 7	18	100000	4				
2009016	2009—01—16	9 7 7 2 4	11	100000	4				
2009015	2009—01—15	2 7 1 9 7	17	100000	4				

续表

期号	开奖日期	开奖结果	注数	金额	排列5数组	全大	全小	全奇	全偶
2009014	2009—01—14	2 9 9 7 2	18	100000	3				
2009013	2009—01—13	5 5 1 8 4	23	100000	4				
2009012	2009—01—12	9 6 1 8 3	13	100000	5				
2009011	2009—01—11	6 5 6 9 5	15	100000	3	全大			
2009010	2009—01—10	8 6 2 2 9	51	100000	4				
2009009	2009—01—09	6 6 9 9 7	49	100000	3	全大			
2009008	2009—01—08	2 4 3 0 3	28	100000	4		全小		
2009007	2009—01—07	3 4 1 4 7	10	100000	4				
2009006	2009—01—06	6 5 9 1 8	33	100000	5				
2009005	2009—01—05	5 2 1 8 4	16	100000	5				
2009004	2009—01—04	5 0 2 1 0	30	100000	4				
2009003	2009—01—03	4 8 8 7 7	44	100000	3				
2009002	2009—01—02	6 1 4 4 4	50	100000	3				
2009001	2009—01—01	3 2 5 0 4	26	100000	5				

备注：

第一，排列5中奖号码的前三位是排列3的中奖号码。

第二，中奖号码下画线代表排列3的组选3类型。

第三，排列5数组是指有几个号码构成的中奖号码，对子以上的号码均计算为1个号码。

第四，全大、全小、全奇、全偶为排列5的号码组合。

第五，由于2月18日更换了新的法国摇奖机，所以，其之前的数据已经没有价值了。但是，为了保持2009年度数据的完整性，故保留了2009年第1期到第41期的中奖号码。

二、排列3游戏规则

第一章 总 则

第一条 根据财政部《彩票发行与销售管理暂行规定》制定本游戏规则。

第二条 排列3电脑体育彩票由国家体育总局体育彩票管理中心（以下简称"中体彩中心"）统一发行。经中体彩中心授权，各省、自治区、直辖市体育彩票管理中心（以下简称"省级体彩中心"）在所辖区域内承销排列3。

第三条 "排列3"实行自愿购买，凡购买该彩票者即被视为同意并遵守本规则。

第二章 游戏方法

第四条 购买"排列3"时，由购买者从000～999的数字中选取1个3位数为投注号码进行投注。

第五条 "排列3"的投注方式分为直选投注和组选投注。"直选投注"是将3位数以唯一排列方式进行的单式投注。"组选投注"是将投注号码的所有排列方式作为一注投注号码进行的单式投注。如果一注组选号码的3个数字各不相同，则有6种不同的排列方式，有6次中奖机会，这种组选投注方式简称"组选6"；如果一注组选号码的3个数字中有2个数字相同，则有3种不同的排列方式，有3次中奖机会，这种组选投注方式简称"组选3"。

第六条 购买者可在全国省级体彩中心设置的投注站进行投注。投注号码可由投注机随机产生，也可通过投注单将购买者选定的号码输入投注机确定。投注号码经系统确认后打印出的兑奖凭证即为"排列3"电脑体育彩票,交购买者保存。

第七条 "排列3"每注2元人民币。彩票不记名、不挂失,不返还本金,不流通使用。

第三章 设 奖

第八条 "排列3"按"直选投注"、"组选3"、"组选6"等不同投注方式进行设奖,均设一个奖级,为固定奖。

第九条 奖金规定如下:

"直选投注",单注固定奖金1000元。

"组选3",单注固定奖金320元。

"组选6",单注固定奖金160元。

第四章 奖金管理

第十条 销售总额的50％为奖金,分为当期奖金和调节基金。其中,49％为当期奖金,1％为调节基金。

第十一条 "排列3"设置奖池,奖池由每期奖金与实际中出奖金的差额累计而成。若当期奖金大于当期中出奖金时,余额滚入奖池;若当期奖金小于当期中出奖金时,差额用奖池补足;若奖池不足时,用调节基金补足;调节基金不足时,从发行经费中垫支。

第十二条 调节基金包括按销售总额的1％提取部分、弃奖收入和逾期未退票的票款。调节基金专项用于支付各种不可预见情况下的奖金支出风险以及设立特别奖。

第五章 中 奖

第十三条 所购彩票与开奖结果相对照,符合以下情况即为中奖。

"直选投注":所选号码与中奖号码相同且顺序一致,则该注彩票中奖。例如，中奖号码为543，则中奖结果为：543。

"组选3"：中奖号码中任意两位数字相同，所选号码与中奖号码相同且顺序不限，则该注彩票中奖。例如，中奖号码为544，则中奖结果为544、454、445之一均可。

"组选6"：所选号码与中奖号码相同且顺序不限，则该注彩票中奖。例如，中奖号码为543，则中奖结果为：543、534、453、435、345、354之一均可。

第六章　开奖及公告

第十四条　"排列3"每天开奖一次，摇奖过程在公证人员监督下进行，通过电视台播出。

第十五条　"排列3"、"排列5"统一摇奖，摇出的五位号码中前三位号码为"排列3"开奖号码。

第十六条　每期开奖后，省级体彩中心将当期销售总额、开奖号码、各奖等中奖注数、奖额以及奖池资金余额，通过新闻媒体向社会公布。

第七章　兑　奖

第十七条　"排列3"兑奖当期有效。每期自开奖次日起60天为兑奖期，逾期未兑，视为弃奖纳入调节基金。

第十八条　兑奖机构有权查验中奖者的中奖彩票及有效身份证件，兑奖者应予配合。

第十九条　凡伪造、涂改中奖彩票，冒领奖金者，送交司法机关追究法律责任。

第八章　附　则

第二十条　本游戏规则解释权属国家体育总局体育彩票管理中心。

第二十一条　本游戏规则自下发之日起执行。

三、排列 5 游戏规则

第一章　总　则

第一条　根据财政部《彩票发行与销售管理暂行规定》和国家体育总局《体育彩票发行与销售管理暂行办法》以及《计算机销售体育彩票管理暂行办法》，制定本游戏规则。

第二条　排列 5 电脑体育彩票由国家体育总局体育彩票管理中心统一发行，在全国范围内采用计算机网络系统进行联合销售。

第三条　"排列 5"实行自愿购买，凡购买该彩票者即被视为同意并遵守本规则。

第二章　游戏方法

第四条　购买"排列 5"时，由购买者从 00000～99999 的数字中选取 1 个 5 位数为投注号码进行投注。

第五条　购买者可在全国各省（区、市）体育彩票管理中心设置的投注站进行投注。投注号码可由投注机随机产生，也可通过投注单将购买者选定的号码输入投注机确定。投注号码经系统确认后打印出的兑奖凭证即为"排列 5"电脑体育彩票，交购买者保存。

第六条　"排列 5"每注 2 元人民币。彩票不记名、不挂失，不返还本金，不流通使用。

第三章　设　奖

第七条　"排列 5"设 1 个奖级，为固定奖。

第八条　奖金分配：

一等奖，单注固定奖金 100000 元。

第四章　奖金管理

第九条　"排列5"按每期销售总额的 50％ 计提奖金，计提奖金分为当期奖金和调节基金，其中 49％ 为当期奖金，1‰ 为调节基金。

第十条　"排列5"设置奖池，奖池由当期奖金与实际中出奖金的差额累计而成。若当期奖金大于当期中出奖金时，余额滚入奖池；若当期奖金小于当期中出奖金时，差额用奖池补足；若奖池不足时，用调节基金补足；调节基金不足时，从发行经费中垫支。

第十一条　调节基金还包括弃奖收入和逾期未退票的票款。调节基金专项用于支付各种不可预见情况下的奖金支出风险以及设立特别奖。

第五章　中　奖

第十二条　所购彩票与开奖结果对照，符合以下情况即为中奖。

一等奖，所选号码与中奖号码全部相同且顺序一致。例如：中奖号码为 43751，则排列 5 的中奖结果为：43751。

第六章　开奖及公告

第十三条　"排列5"每天开奖一次，摇奖过程在公证人员监督下进行，通过电视台播出。

第十四条　"排列5"单独摇奖，其中奖号码为全国联网电脑体育彩票排列 5 当期摇出的全部中奖号码。

第十五条　每期开奖后，国家体育总局体育彩票管理中心需将中奖号码、当期销售总额、各奖等中奖情况以及奖池资金余额等信息，通过新闻媒体向社会公布，并将开奖结果通知各销售终端。

第七章　兑　奖

第十六条　"排列5"兑奖当期有效。每期自开奖次日起 60 天为兑奖期，逾期未兑，视为弃奖纳入调节基金。

第十七条　兑奖机构有权查验中奖者的中奖彩票及有效身份证件，兑奖者应予配合。

第十八条　凡伪造、涂改中奖彩票，冒领奖金者，送交司法机关追究法律责任。

第八章　附　则

第十九条　本游戏规则解释权属国家体育总局体育彩票管理中心。

第二十条　本游戏规则自下发之日起执行。

四、《彩票管理条例》

第一章　总　则

第一条　为了加强彩票管理，规范彩票市场发展，维护彩票市场秩序，保护彩票参与者的合法权益，促进社会公益事业发展，制定本条例。

第二条　本条例所称彩票，是指国家为筹集社会公益资金，促进社会公益事业发展而特许发行、依法销售，自然人自愿购买，并按照特定规则获得中奖机会的凭证。

彩票不返还本金、不计付利息。

第三条　国务院特许发行福利彩票、体育彩票。未经国务院特许，禁止发行其他彩票。禁止在中华人民共和国境内发行、销售境外彩票。

第四条　彩票的发行、销售和开奖，应当遵循公开、公平、公正和诚实信用的原则。

第五条　国务院财政部门负责全国的彩票监督管理工作。国务院民政部门、体育行政部门按照各自的职责分别负责全国的福利彩票、体育彩票管理工作。

省、自治区、直辖市人民政府财政部门负责本行政区域的彩票监督管理工作。省、自治区、直辖市人民政府民政部门、体育行政部门按照各自的职责分别负责本行政区域的福利彩票、体育彩票管理工作。

县级以上各级人民政府公安机关和县级以上工商行政管理机关，在各自的职责范围内，依法查处非法彩票，维护彩票市场秩序。

第二章　彩票发行和销售管理

第六条　国务院民政部门、体育行政部门依法设立的福利彩票发行机构、体育彩票发行机构（以下简称彩票发行机构），分别负责全国的福利彩票、体育彩票发行和组织销售工作。

省、自治区、直辖市人民政府民政部门、体育行政部门依法设立的福利彩票销售机构、体育彩票销售机构（以下简称彩票销售机构），分别负责本行政区域的福利彩票、体育彩票销售工作。

第七条　彩票发行机构申请开设、停止福利彩票、体育彩票的具体品种（以下简称彩票品种）或者申请变更彩票品种审批事项的，应当依照本条例规定的程序报国务院财政部门批准。

国务院财政部门应当根据彩票市场健康发展的需要，按照合理规划彩票市场和彩票品种结构、严格控制彩票风险的原则，对彩票发行机构的申请进行审查。

第八条　彩票发行机构申请开设彩票品种，应当经国务院民政部门或者国务院体育行政部门审核同意，向国务院财政部门提交下列申请材料：

（一）申请书；

（二）彩票品种的规则；

（三）发行方式、发行范围；

（四）市场分析报告及技术可行性分析报告；

（五）开奖、兑奖操作规程；

（六）风险控制方案。

国务院财政部门应当自受理申请之日起 90 个工作日内，通过专家评审、听证会等方式对开设彩票品种听取社会意见，对申请进行审查并作出书面决定。

第九条　彩票发行机构申请变更彩票品种的规则、发行方式、发行范围等审批事项的，应当经国务院民政部门或者国务院体育行政部门审核同意，向国务院财政部门提出申请并提交与变更事项有关的材料。国务院财政部门应当自受理申请之日起 45 个工作日内，对申请进行审查并作出书面决定。

第十条　彩票发行机构申请停止彩票品种的，应当经国务院民政部门或者国务院体育行政部门审核同意，向国务院财政部门提出书面申请并提交与停止彩票品种有关的材料。国务院财政部门应当自受理申请之日起 10 个工作日内，对申请进行审查并作出书面决定。

第十一条　经批准开设、停止彩票品种或者变更彩票品种审批事项的，彩票发行机构应当在开设、变更、停止的 10 个自然日前，将有关信息向社会公告。

第十二条　因维护社会公共利益的需要，在紧急情况下，国务院财政部门可以采取必要措施，决定变更彩票品种审批事项或者停止彩票品种。

第十三条　彩票发行机构、彩票销售机构应当依照政府采购法律、行政法规的规定，采购符合标准的彩票设备和技术服务。

彩票设备和技术服务的标准，由国务院财政部门会同国务院民政部门、体育行政部门依照国家有关标准化法律、行政法规的规定制定。

第十四条　彩票发行机构、彩票销售机构应当建立风险管理体系和可疑资金报告制度，保障彩票发行、销售的安全。

彩票发行机构、彩票销售机构负责彩票销售系统的数据管理、开奖兑奖管理以及彩票资金的归集管理，不得委托他人管理。

第十五条　彩票发行机构、彩票销售机构可以委托单位、个人代理销售彩票。彩票发行机构、彩票销售机构应当与接受委托的彩票代销者签订彩票代销合同。福利彩票、体育彩票的代销合同示范文本分别由国务院民政部门、体育行政部门制定。

彩票代销者不得委托他人代销彩票。

第十六条 彩票销售机构应当为彩票代销者配置彩票投注专用设备。彩票投注专用设备属于彩票销售机构所有，彩票代销者不得转借、出租、出售。

第十七条 彩票销售机构应当在彩票发行机构的指导下，统筹规划彩票销售场所的布局。彩票销售场所应当按照彩票发行机构的统一要求，设置彩票销售标识，张贴警示标语。

第十八条 彩票发行机构、彩票销售机构、彩票代销者不得有下列行为：

（一）进行虚假性、误导性宣传；

（二）以诋毁同业者等手段进行不正当竞争；

（三）向未成年人销售彩票；

（四）以赊销或者信用方式销售彩票。

第十九条 需要销毁彩票的，由彩票发行机构报国务院财政部门批准后，在国务院民政部门或者国务院体育行政部门的监督下销毁。

第二十条 彩票发行机构、彩票销售机构应当及时将彩票发行、销售情况向社会全面公布，接受社会公众的监督。

第三章　彩票开奖和兑奖管理

第二十一条 彩票发行机构、彩票销售机构应当按照批准的彩票品种的规则和开奖操作规程开奖。

国务院民政部门、体育行政部门和省、自治区、直辖市人民政府民政部门、体育行政部门应当加强对彩票开奖活动的监督，确保彩票开奖的公开、公正。

第二十二条 彩票发行机构、彩票销售机构应当确保彩票销售数据的完整、准确和安全。当期彩票销售数据封存后至开奖活动结束前，不得查阅、变更或者删除销售数据。

第二十三条 彩票发行机构、彩票销售机构应当加强对开奖设备的管理，确保开奖设备正常运行，并配置备用开奖设备。

第二十四条 彩票发行机构、彩票销售机构应当在每期彩票销售结束后，及时向社会公布当期彩票的销售情况和开奖结果。

第二十五条 彩票中奖者应当自开奖之日起60个自然日内，持中奖彩票到指定的地点兑奖，彩票品种的规则规定需要出示身份证件的，还应当出示本人身份证件。逾期不兑奖的视为弃奖。

禁止使用伪造、变造的彩票兑奖。

第二十六条 彩票发行机构、彩票销售机构、彩票代销者应当按照彩票品种的规则和兑奖操作规程兑奖。

彩票中奖奖金应当以人民币现金或者现金支票形式一次性兑付。

不得向未成年人兑奖。

第二十七条 彩票发行机构、彩票销售机构、彩票代销者以及其他因职务或者业务便利知悉彩票中奖者个人信息的人员，应当对彩票中奖者个人信息予以保密。

第四章　彩票资金管理

第二十八条 彩票资金包括彩票奖金、彩票发行费和彩票公益金。彩票资金构成比例由国务院决定。

彩票品种中彩票资金的具体构成比例，由国务院财政部门按照国务院的决定确定。

随着彩票发行规模的扩大和彩票品种的增加，可以降低彩票发行费比例。

第二十九条 彩票发行机构、彩票销售机构应当按照国务院财政部门的规定开设彩票资金账户，用于核算彩票资金。

第三十条 国务院财政部门和省、自治区、直辖市人民政府财政部门应当建立彩票发行、销售和资金管理信息系统，及时掌握彩票销售和资金流动情况。

第三十一条 彩票奖金用于支付彩票中奖者。彩票单注奖金的最高限额，由国务院财政部门根据彩票市场发展情况决定。

逾期未兑奖的奖金，纳入彩票公益金。

第三十二条 彩票发行费专项用于彩票发行机构、彩票销售机构的业务费用支出以及彩票代销者的销售费用支出。

彩票发行机构、彩票销售机构的业务费实行收支两条线管理，其支出应当符合彩票发行机构、彩票销售机构财务管理制度。

第三十三条 彩票公益金专项用于社会福利、体育等社会公益事业，不用于平衡财政一般预算。

彩票公益金按照政府性基金管理办法纳入预算，实行收支两条线管理。

第三十四条 彩票发行机构、彩票销售机构应当按照国务院财政部门的规定，及时上缴彩票公益金和彩票发行费中的业务费，不得截留或者挪作他用。财政部门应当及时核拨彩票发行机构、彩票销售机构的业务费。

第三十五条 彩票公益金的分配政策，由国务院财政部门会同国务院民政、体育行政等有关部门提出方案，报国务院批准后执行。

第三十六条 彩票发行费、彩票公益金的管理、使用单位，应当依法接受财政部门、审计机关和社会公众的监督。

彩票公益金的管理、使用单位，应当每年向社会公告公益金的使用情况。

第三十七条 国务院财政部门和省、自治区、直辖市人民政府财政部门应当每年向本级人民政府报告上年度彩票公益金的筹集、分配和使用情况，并向社会公告。

第五章　法律责任

第三十八条　违反本条例规定，擅自发行、销售彩票，或者在中华人民共和国境内发行、销售境外彩票构成犯罪的，依法追究刑事责任；尚不构成犯罪的，由公安机关依法给予治安管理处罚；有违法所得的，没收违法所得。

第三十九条　彩票发行机构、彩票销售机构有下列行为之一的，由财政部门责令停业整顿；有违法所得的，没收违法所得，并处违法所得3倍的罚款；对直接负责的主管人员和其他直接责任人员，依法给予处分；构成犯罪的，依法追究刑事责任：

（一）未经批准开设、停止彩票品种或者未经批准变更彩票品种审批事项的；

（二）未按批准的彩票品种的规则、发行方式、发行范围、开奖兑奖操作规程发行、销售彩票或者开奖兑奖的；

（三）将彩票销售系统的数据管理、开奖兑奖管理或者彩票资金的归集管理委托他人管理的；

（四）违反规定查阅、变更、删除彩票销售数据的；

（五）以赊销或者信用方式销售彩票的；

（六）未经批准销毁彩票的；

（七）截留、挪用彩票资金的。

第四十条　彩票发行机构、彩票销售机构有下列行为之一的，由财政部门责令改正；有违法所得的，没收违法所得；对直接负责的主管人员和其他直接责任人员，依法给予处分：

（一）采购不符合标准的彩票设备或者技术服务的；

（二）进行虚假性、误导性宣传的；

（三）以诋毁同业者等手段进行不正当竞争的；

（四）向未成年人销售彩票的；

（五）泄露彩票中奖者个人信息的；

（六）未将逾期未兑奖的奖金纳入彩票公益金的；

（七）未按规定上缴彩票公益金、彩票发行费中的业务费的。

第四十一条 彩票代销者有下列行为之一的，由民政部门、体育行政部门责令改正，处2000元以上1万元以下罚款；有违法所得的，没收违法所得：

（一）委托他人代销彩票或者转借、出租、出售彩票投注专用设备的；

（二）进行虚假性、误导性宣传的；

（三）以诋毁同业者等手段进行不正当竞争的；

（四）向未成年人销售彩票的；

（五）以赊销或者信用方式销售彩票的。

彩票代销者有前款行为受到处罚的，彩票发行机构、彩票销售机构有权解除彩票代销合同。

第四十二条 伪造、变造彩票或使用伪造、变造的彩票兑奖的，依法给予治安管理处罚；构成犯罪的，依法追究刑事责任。

第四十三条 彩票公益金管理、使用单位违反彩票公益金管理、使用规定的，由财政部门责令限期改正；有违法所得的，没收违法所得；在规定期限内不改正的，没收已使用彩票公益金形成的资产，取消其彩票公益金使用资格。

第四十四条 依照本条例的规定履行彩票管理职责的财政部门、民政部门、体育行政部门的工作人员，在彩票监督管理活动中滥用职权、玩忽职守、徇私舞弊，构成犯罪的，依法追究刑事责任；尚不构成犯罪的，依法给予处分。

第六章 附 则

第四十五条 本条例自2009年7月1日起施行。

五、排列 3 彩票积数分类表

号码类型 \ 具体号码	大积数			小积数		
	直选	组选3	组选6	直选	组选3	组选6
奇数号码	555	449 667 776 886	289 456 489	111	001 009 221 331 443 661	012 025 038 058 124 139 168 245 267 346
	777	557 669 883 993	359 458 568	333	003 113 223 335 445 663	014 027 045 067 126 146 179 247 269 348
	999	559 773 885 995	368 467 579		005 115 225 337 447 771	016 029 047 069 128 148 234 249 278 357
		665 775 887 997	379 469 678		007 117 227 339 551 881	018 034 049 078 135 157 236 256
			478 689		119 229 441 553 991	023 036 056 089 137 159 238 258
奇数注数	3	16	14	2	29	46
偶数号码			279 457 569		002 112 224 334 446 662	013 026 046 079 134 149 178
		664 778 992	367 459 578		004 114 226 336 550 770	015 028 048 123 136 156 189 246
		448 668 882 994	369 468 589	000	006 116 228 338 552 772	017 035 057 125 138 158 235 248 268 349
	666	556 774 884 996	378 479 679	222	008 118 330 440 554 880	019 037 059 127 145 167 237 257 345 356
	888	558 776 886 998	389 567 789	444	110 220 332 442 660 990	024 039 068 129 147 169 239 259 347 358
偶数注数	2	15	15	3	30	45
类型注数	5	31	29	5	59	91
总注数	65			155		

使用说明：

①三个数字的乘积在这里简称为"积数"。当乘积在 0～119 之间时称为"小积数"，在 120～729 之间称为"大积数"。在排列 3 游戏的 220 注不同组合号码中，有 155 注小积数，其中有 5 注直选，59 注"组选 3"和 91 注"组选 6"。大积数也有 5 注直选，但只有 31 注"组选 3"和 29 注"组选 6"，共计 65 注。

②根据对大、小积数号码中出状况的跟踪，以及对奇偶点的大、小积数中奖情况的分析，当判断某一种积数组合号码中出希望较大时，即可在相应号码中进行筛选。

③可以根据积数值绘制走势图，也可以根据积数值进行多分法。